DESIGN
DE JOGOS
Fundamentos

DESIGN
DE JOGOS

Fundamentos

Antonio Marcelo
Julio Pescuite

Editor: Sergio Martins de Oliveira
Diretora Editorial: Rosa Maria Oliveira de Queiroz
Assistente de Produção: Marina dos Anjos Martins de Oliveira
Revisão de Texto: Maria Helena A.M. Oliveira
Editoração Eletrônica: Abreu's System LTDA.
Capa: José Augusto Praguer

Técnica e muita atenção foram empregadas na produção deste livro. Porém, erros de digitação e/ou impressão podem ocorrer. Qualquer dúvida, inclusive de conceito, solicitamos enviar mensagem para **brasport@brasport.com.br**, para que nossa equipe, juntamente com o autor, possa esclarecer. A Brasport e o(s) autor(es) não assumem qualquer responsabilidade por eventuais danos ou perdas a pessoas ou bens, originados do uso deste livro.

Várias Marcas Registradas aparecem no decorrer deste livro, e o editor declara estar utilizando tais nomes apenas para fins editoriais, sem intenção de infringir as regras de sua utilização.

Dados Internacionais de Catalogação na Publicação (CIP)
(Câmara Brasileira do Livro, SP, Brasil)

Marcelo, Antonio
    Fundamentos de design para jogos : um guia para o projeto de jogos modernos reais e virtuais / Antonio Marcelo, Júlio Pescuite. -- Rio de Janeiro : Brasport, 2009.

    Bibliografia.
    ISBN 978-85-7452-396-5

    1. Design 2. Jogos 3. Jogos eletrônicos I. Pescuite, Júlio. II. Título.

09-01487
    CDD-790

Índices para catálogo sistemático:
1. Design : Jogos : Técnicas de projetos e
desenvolvimento   790
2. Design para jogos : Técnicas de projetos e
desenvolvimento   790

BRASPORT Livros e Multimídia Ltda.
Rua Pardal Mallet, 23 – Tijuca
20270-280 Rio de Janeiro-RJ
Tels. Fax: (21) 2568.1415/2568.1507
e-mails: brasport@brasport.com.br
          vendas@brasport.com.br
          editorial@brasport.com.br
site: **www.brasport.com.br**

Filial
Av. Paulista, 807 – conj. 915
01311-100 – São Paulo-SP
Tel. Fax (11): 3287.1752
e-mail: filialsp@brasport.com.br

A todos que acreditam em seus sonhos.

Antonio Marcelo

Dedico este trabalho a toda a minha família, amigos e colegas, em especial à minha amada Priscila da Costa Gonçalves, por toda a paciência, compreensão e tolerância durante a elaboração deste sem o qual não se tornaria possível a realização desta obra.
Dedico-a também a todos aqueles que possuem o objetivo de trabalhar com jogos.

Júlio Pescuite

Agradecimentos

Gostaria de agradecer a todos os amigos que me colocaram no mundo dos jogos desde a minha juventude até os dias atuais. A lista é enorme, por isso eles sabem que estou falando o nome de cada um deles. Queria ainda agradecer ao pessoal que organiza comigo o Castelo das Peças, o Alex "Shamou" Costa e o Flávio Jandorno, juntos na luta pela divulgação dos jogos de tabuleiro. E novamente agradeço a meus editores Rosa e Sérgio, que estão sempre dispostos a publicar minhas obras.

Antonio Marcelo

Deixo expressos meus sinceros agradecimentos às seguintes pessoas, sem as quais o presente trabalho teria sido impossível:

— a Deus pelo dom da vida, saúde, por me guiar pelos caminhos e pessoas certas e por permitir lutar pelos meus sonhos,

— à minha família pela educação e por todos os valores humanos ensinados,

— ao Antonio Marcelo, pela receptividade, por compartilhar sua obra comigo e por todas as experiências trocadas e todo o apoio fornecido,

— à minha amada, Priscila da Costa Gonçalves, pelo incentivo e compreensão no desenvolvimento deste trabalho, e

— aos amigos e colegas que sempre me incentivaram na busca por trabalhar com o que mais gosto.

Júlio Pescuite

Apresentação

Este livro nasceu no início de 2006 exatamente quando fui apresentado a um jogo de tabuleiro chamado Colonizadores de Catan. Este jogo, bastante conhecido pelos jogadores europeus de jogos de tabuleiro, era para mim um ilustre desconhecido. Fiquei surpreso com a simplicidade e o grau de rejogabilidade, além de permitir mais de duas pessoas se divertirem.

Minha cultura lúdica sempre foi ligada aos wargames, desde meus 14 anos, quando abandonei o War e o Banco Imobiliário e caí no mundo dos jogos de guerra e miniaturas. Quando conheci o Catan e depois fui sendo apresentado a jogos mais amplos como o Puerto Rico, Powergrid, Twilight Imperium, entre outros, um novo mundo se abriu e comecei a ver que o Brasil estava anos e anos atrasado em termos de jogos de tabuleiro. Os jogos modernos ou Eurogames são um fenômeno que permitem recuperar uma das coisas mais importantes na vida de um indivíduo: a família.

O caminho que um jogador em alguns casos segue é o de designer de jogo. Criar um sistema baseado em mecânicas consagradas, ou mesmo inéditas, e ver o mesmo publicado é o sonho de muitas pessoas. No Brasil temos raríssimos exemplos, já que a indústria nacional não é de jogos e sim de brinquedos. Isto é diferente da Europa, onde principalmente na Alemanha existe um mercado deste estilo de jogo movimentadíssimo que dá prêmios anuais e cria clássicos do tabuleiro.

O brasileiro tem uma grande criatividade, mas desperdiça, não aproveita para construir jogos. Existem muitas pessoas competentes que estão começando a fazer sucesso no exterior em empresas e que nem são conhecidas aqui. Mas nosso objetivo com este livro é mudar este cenário e mostrar que existem excelentes designers aqui que querem externar suas ideias e não sabem como.

Além disso, temos como visão explorar a parte eletrônica dos jogos, não só o tabuleiro propriamente dito, pois este mercado milionário desponta hoje no mundo mais poderoso que o do cinema. Em nosso livro não ensinamos a programar e sim mostramos técnicas de projeto e desenvolvimento que podem ser adaptadas a equipes de desenvolvimento. Muitos pensam que fazer um jogo é simplesmente programar, mas existe uma filosofia "de papel" antes de ir para o computador, e este livro entra nessa seara.

Foi tendo esta necessidade que, no meio do projeto deste livro, meu amigo Júlio Pescuite entrou "a bordo". Ele já desenvolveu diversos jogos para micro e dispositivos móveis, além de participar do teste de engines como a CADABRA nacional. No início ele era apenas um colaborador, mas acabou se tornando um amigo e companheiro de projeto, passando sua experiência na Coopergames. Hoje Júlio juntamente comigo começou um projeto de jogo e graças a este livro diversas outras coisas estão ocorrendo.

Sem mais delongas, este livro foi formulado mais como um manual de design, sem muitos formalismos e com um conjunto de experiências de desenvolvimento de jogos por nossa parte e que hoje estão em fase de produção e negociação. Por isso fizemos a seguinte estrutura:

Capítulo 1 – O Jogo. Explicamos aqui as principais mecânicas e tipos de jogos reais e virtuais.

Capítulo 2 – O Designer de Jogos. Explicamos aqui a forma de trabalho de um designer e técnicas de desenvolvimento.

Capítulo 3 – Estrutura de Jogos. Mostramos como os jogos se estruturam, tanto os eletrônicos como os reais. Aqui começamos a mostrar pontos importantes do design.

Capítulo 4 – Projeto do Jogo – 1ª Parte: Concepção/Desenvolvimento. Entramos aqui num exemplo prático de como é feito o processo da concepção até um design funcional.

Capítulo 5 – Projeto de Jogo – 2ª Parte: Prototipagem. Mostramos aqui como criar um protótipo funcional para teste, com ferramentas e filosofias.

Capítulo 6 – O Desafio do Playtest. Neste capítulo mostramos como fazer testes para qualidade do jogo, inclusive junto ao público.

Capítulo 7 – Outros Estilos de Jogos. Neste capítulo mostramos outros estilos de jogos, inclusive abordando os jogos para celulares.

Como falamos anteriormente, este livro é muito prático. Não ensinamos aqui a programar ou modelar em 3D, nem mesmo como desenhar componentes e sim damos as ferramentas necessárias ao próximo passo para aquele jogador que sonha em ver seu jogo publicado.

Gostaria de ser contatado pelo e-mail amarcelo@riachuelogames.com.br ou antonmarcelo@gmail.com, onde poderemos trocar diversas impressões sobre este livro.

Antonio Marcelo

Sumário

1. O Jogo

> "O jogo é uma atividade voluntária exercida dentro de certos e determinados limites de tempo e espaço, segundo regras livremente consentidas, mas absolutamente obrigatórias, dotado de um fim em si mesmo, acompanhado de um sentimento de tensão e alegria e de uma consciência de ser diferente de vida cotidiana."
>
> *Johan Huizinga – Homo Ludens*

O que é um jogo?

Um jogo pode ser qualquer tipo de competição onde regras são feitas ou criadas num ambiente restrito ou até mesmo de imediato, diferentes do esporte, cujas regras são universais. Geralmente, os jogos possuem regras e estas são simples, mas existem casos como simulações, onde há uma riqueza de detalhes extensa. É possível envolver um ou mais jogadores jogando cooperativamente ou realizando algum tipo de disputa. Em sua ampla maioria os jogos são disputados como uma forma de lazer, sem que os participantes enfoquem na competição condições de vitória como um ponto essencial.

Podemos dividir os jogos em reais e eletrônicos. Dentro dos reais podemos citar:

✓ Jogos de mesa ou tabuleiro (enquadramos cartas e os RPGs)

E dentro dos eletrônicos podemos citar:

✓ Videogame/Jogos de Computador

✓ Jogos em rede

Dos jogos reais temos como exemplo mais notável os jogos de tabuleiro, que fazem parte da cultura desde tempos antigos do homem. Em muitos casos são jogados por duas pessoas, mas os modernos permitem até seis pessoas em um tabuleiro numa partida. Podemos citar damas, xadrez, Monopólio (Banco Imobiliário no Brasil), entre outros. Neste livro abordaremos diversos tipos de jogos reais.

Já os jogos eletrônicos representados pelos videogames ou videojogos são jogos em que o jogador pode interagir com imagens enviadas a um dispositivo que as exibe, geralmente uma televisão ou um monitor. Falaremos mais à frente de seus subgêneros.

Jogos reais ou de tabuleiro

No Brasil o jogo de tabuleiro foi uma realidade das décadas de 70 e 80, mas que praticamente desapareceu na década de 90, dando lugar aos jogos de cartas, RPG e jogos de computador. Temos ainda representantes jurássicos como: War, Banco Imobiliário e Jogo da Vida, que são relançados para um mercado que hoje está entrando em outro patamar. Existem diversos títulos que estão há mais de dez anos no mercado europeu e americano totalmente desconhecidos no Brasil. Muita gente não sabe, mas os jogos de tabuleiro mudaram tanto a sua faceta que nem de longe lembram os títulos brasileiros, mais do que defasados. Os jogadores de RPG podem estar a par um pouco do que acontece, mas a sua grande maioria não tem ideia da riqueza deste universo. Basta lembrar que o próprio RPG tem origem em jogos de tabuleiro, principalmente nos wargames e nos jogos de miniatura. Inicialmente vamos situar o cenário e apresentar diversos aspectos dos jogos ditos modernos.

Um pouco de história

Os jogos de tabuleiro modernos, para a maioria de nós, brasileiros, são totalmente desconhecidos. Existe até um preconceito que os rotula como jogos para crianças, coisa que é totalmente falsa. Os jogos atuais possuem mecânicas de jogo simples, com um alto grau de abstração, poucas regras, fáceis de serem assimiladas, com uma duração média de 60 minutos e que permitem que até cinco pessoas possam se divertir muito. Tudo isto começou em 1995 com o Die Siedler von Catan (Descobridores de Catan – publicado no Brasil pela Devir), um jogo de tabuleiro inventado por Klaus Teuber. A editora Kosmos publicou o jogo na Alemanha, iniciando uma revolução e "de quebra" levando grandes prêmios: o Spiel des Jahres em 1995, o 1º lugar do Deutscher Spiele-Preis também em 1995 e o Origins Award em 1996. Este redefiniu o conceito dos jogos de tabuleiro, que passavam por uma crise nos EUA, onde os jogos de carta colecionáveis estavam em alta e parecia que não havia mais espaço para os de tabuleiro.

Figura 1.1 • Os Descobridores de Catan
(Imagem retirada do site Boardgamegeek – http://www.boardgamegeek.com)

O que tornou o jogo muito popular foi sua mecânica simplória (um manual peque-no, diferente dos jogos americanos), dinamismo, as inúmeras possibilidades táti-cas e o fato de ser muito bom para ser jogado em família. O Catan trouxe para os EUA os chamados jogos alemães, mais tarde batizados de Eurogames, começando assim a grande mudança. No ano 2000 outro título tomava de assalto o mercado: o Carcassone (publicado no Brasil pela Devir), desenvolvido por Klaus-Jürgen Wre-de e publicado em 2000 por Hans im Glück e Rio Grande Games. O objetivo do jogo é a construção de cidades medievais fortificadas, campos, estradas e monastérios, com o uso de blocos. O jogo é de uma simplicidade atroz, mas é muito divertido, onde adultos e crianças jogam de maneira conjunta. Nele surge a figura do Meeple, que se tornou uma das mais populares dos jogos de tabuleiro. Em 2001 ganhou o Spiel des Jahres e agora no ano de 2007 tanto o Carcassone como o Catan ganha-ram sua versão para o XBOX 360 da Microsoft.

Figura 1.2 • O Carcassone
(Imagem retirada do site Boardgamegeek – http://www.boardgamegeek.com)

A partir daí os Eurogames entraram no mercado americano e mundial, deixando para trás muitos títulos clássicos. Mas não pensem que os EUA ficaram parados. Responderam com "fogo-pesado", aproveitando muito das mecânicas dos europeus e trazendo para seu universo grandes títulos. Um deles, o Twilight Império3, é um grande exemplo de jogo de ficção científica, onde o jogador tem que levar seu império estelar à vitória. Os jogos americanos começaram a ser chamados pelos fãs de Eurogames como "Ameritrashes", ou seja, diferente do estilo dos europeus, com muitas facetas de jogo distintas.

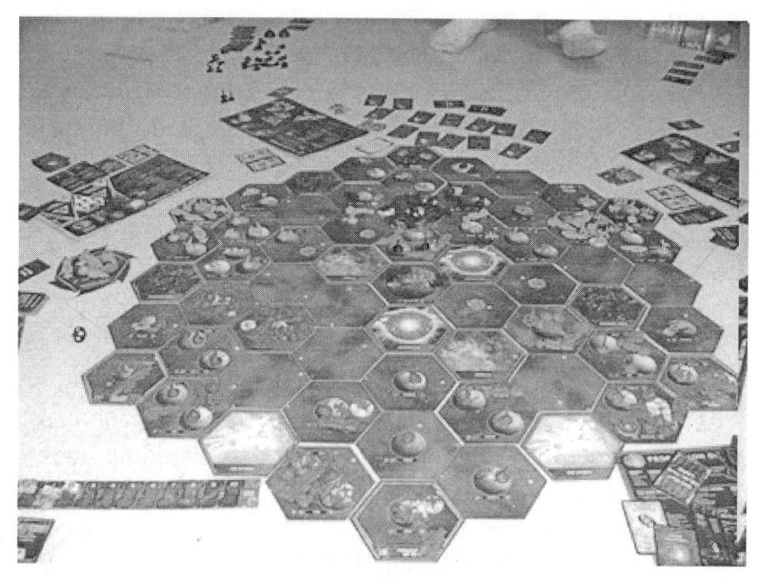

Figura 1.3 • O Twilight Imperium 3
(Imagem retirada do site Boardgamegeek – http://www.boardgamegeek.com)

Dois jogos, dois estilos

Os Eurogames são jogos onde a abstração e a simplicidade são primordiais. Os jogos na sua ampla maioria não utilizam nenhum tipo de dado (isto mesmo: não existem dados no jogo) e a vitória é conseguida, na maioria das vezes, no esquema dos chamados pontos de vitória. O jogador que conseguir completar objetivos conseguirá mais pontos e assim vencerá a partida. Em muitos casos, o critério de desempate pode ser bens ou mesmo dinheiro. Um exemplo muito bom é o Puerto Rico, outro clássico do gênero.

Já os Ameritrashes utilizam dados para diversas ações (sobretudo combate) e também podem trabalhar com sistemas de pontos de vitória, mas são jogos que primam pela competitividade e possuem uma "mitologia" impressionante em seu background.

Cada um dos tipos tem seus fãs (particularmente eu gosto dos dois estilos), mas são totalmente diferentes dos que existem no mercado brasileiro, que sinceramente está atrasado no assunto. No Brasil as grandes empresas não têm uma visão de que existe um mercado muito bom com os adultos que compram este tipo de jogo. Digo que o momento é igual ao da "geração xerox do RPG", onde pequenos grupos se encontravam e passavam os jogos sob a forma de xerox dos título. Algo similar acontece com os jogos já que, com os recursos de computação atuais e a Internet, é possível fazer versões caseiras de jogos (já vi alguns que são melhores que muitos feitos por empresas no Brasil).

Falando um pouquinho mais sobre os jogos alemães...

Os jogos alemães ou Eurogames têm sempre a visão de que são grupos de jogadores que os jogam (são raros os jogos para duas pessoas, mas mesmo estes podem ser adaptados para mais participantes), têm duração de no máximo 60 minutos, em muitos casos possuindo regras que limitam o tempo (número específico de turnos, número específico de recursos etc.), regras fáceis de aprender, alta jogabilidade e são extremamente atraentes (em termos de beleza gráfica).

Além disso, os temas explorados pelos mesmos são variados, desde colonialismo, passando pela administração de uma empresa elétrica, até a organização de shows na Roma antiga, entre outros. Eles parecem complicados de entender, mas são espetaculares e divertidos. Os jogos guardam muito da filosofia de abstração, com um grau de raciocínio, fazendo que os jogadores nunca caiam na mesmice.

Em todos os casos, um jogador nunca é eliminado do jogo e o vencedor ganha a partida quando faz os chamados pontos de vitória, obtidos mediante diversas condições. Diversos mecanismos de jogo foram desenvolvidos: baseados em leilão, gerenciamento/organização de recursos, construção/manutenção, controle de área etc.

Cada um deles pode ser inclusive mesclado, dando origem a sistemas mistos que criam variantes e geram assim excelentes títulos. Existem diversas mecânicas empregadas nestes jogos. Vamos apresentar cada uma delas.

O mecanismo de leilão

Quando pensamos em leilão, pensamos logo nos leiloeiros vendendo obras de arte, joias etc. Acontece que o mecanismo de leilão pode ser utilizado em diversos temas. Vou começar falando do jogo Hollywood Blockbuster (http://www. boardgamegeek.com/game/904), onde o jogador é um dono de estúdio de Hollywood e precisa contratar diretores, atores, efeitos especiais, trilha sonora para montar uma produção cinematográfica. Aquele que fizer o filme em diversas categorias (terror, suspense, drama etc.) ganha pontos de vitória e o Oscar!!! Cada jogador começa com uma quantia específica de dinheiro e vai contratando o elenco através de leilões. Quem assina o jogo nada mais é que o consagrado Reiner Knizia (um grande designer de jogos).

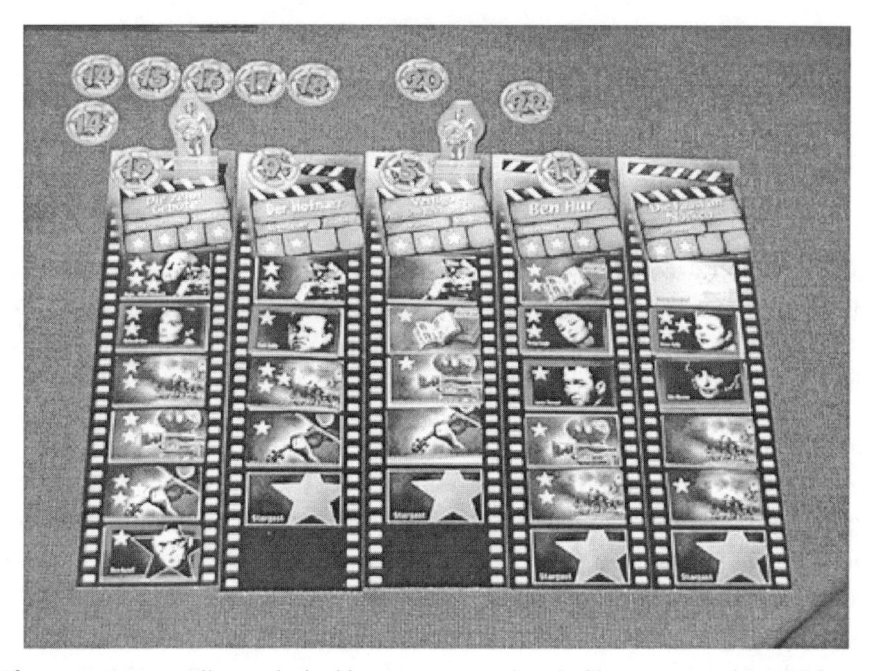

Figura 1.4 • O Hollywood Blockbuster – Exemplos de filmes que podem ser feitos
(Imagem retirada do site Boardgamegeek – http://www.boardgamegeek.com)

Um outro exemplo clássico é o Arte Moderna (http://www.boardgamegeek.com/ game/118), um jogo europeu lançado no Brasil pela Odysseia Jogos (http:// www.odysseiajogos.com.br/). Neste jogo cada jogador é um "marchand" que negocia quadros em leilões de arte. O jogo é lindíssimo e muito fácil.

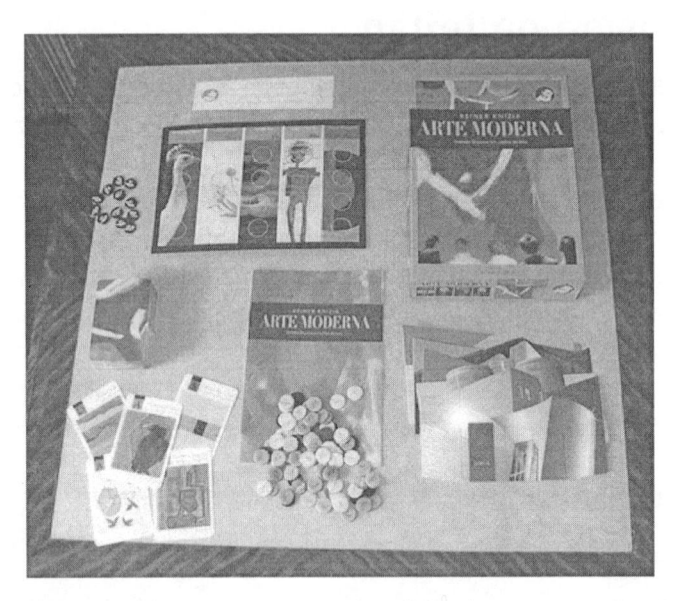

Figura 1.5 • O Arte Moderna na versão brasileira da empresa Odysseia Jogos
(Imagem retirada do site Boardgamegeek – http://www.boardgamegeek.com)

O interessante do Arte Moderna é que realmente traz a ideia do leilão clássico, com diversas variantes, criando inclusive a valorização de um artista. O jogo é ótimo para entrar neste mundo, além de comportar até 5 jogadores. É assinado novamente por Reiner Knizia.

Na linha nacional, a Estrela lançou um jogo de dois autores brasileiros chamados Zatz e Halaban. Trata-se do Riquezas do Sultão (http://www.boardgamegeek. com/game/31612), onde os filhos do sultão irão através de leilão obter as joias mas belas do pai. O jogo é muito bom, mas o tratamento que a Estrela deu ao mesmo deixa muito a desejar. A qualidade das cartas e dos demais componentes é péssima (tirando as pedrinhas que representam as joias, que são muito bonitas), e ainda não colocaram nenhuma referência na capa aos autores nacionais (total descaso com o ótimo trabalho deles).

Jogos com gerenciamento de recursos/economia

Parece ser um tema muito complexo, mas este tipo de sistema é muito apreciado e é capaz de trazer grande jogabilidade à mesa. São jogos um pouco mais "densos" e que demandam uma boa estratégia, mas que trazem um novo patamar aos jogadores que querem algo mais e que já estão prontos a encarar novos desafios.

Este tipo de jogo é todo aquele que simula uma situação que envolva economia e operações financeiras. Um dos mais antigos e famosos é o Monopólio, conhecido no Brasil como Banco Imobiliário, que simula a compra de imóveis e companhias. A maioria dos brasileiros só conhece este jogo, pois as empresas nacionais estagnaram no tempo e continuam publicando o Monopólio com diversas temáticas. Não podemos deixar de falar que o mesmo foi o primeiro deste tipo a ser lançado (em 1935, apesar de que atestam sua origem em 1904, com o chamado Landlord's Game) e que abriu um mercado até então pouco explorado.

Figura 1.6 • Capa da edição em inglês
(Imagem retirada do site Boardgamegeek – http://www.boardgamegeek.com)

O Monopólio pode ser o grande avô de todos os jogos econômicos, mas muita coisa mudou com a chegada dos "alemães"...

O Puerto Rico (http://www.boardgamegeek.com/game/3076) é um jogo de estilo alemão desenvolvido por Andreas Seyfarth e publicado em 2002 pela empresa alemã Alea. O jogo se desenrola na ilha de Porto Rico durante o período colonial do Caribe, onde os jogadores assumem diversos papéis durante um turno de jogo. O vencedor é quem ganha mais pontos através de envio de mercadorias para a metrópole. Com a participação de 3 a 5 jogadores, uma partida dura em média uma hora e meia.

Figura 1.7 • Capa da edição alemã
(Imagem retirada do site Boardgamegeek – http://www.boardgamegeek.com)

Durante uma partida, o jogador pode construir prédios, fazer plantações, vender bens no mercado e gerenciar a chegada de trabalhadores para sua colônia. O jogo permite um grau de gerenciamento de recursos e economia impressionantes. Os jogadores podem criar diversas situações e estratégias de jogo baseadas em produção, venda de produtos ou mesmo nos tipos de prédio utilizados. O jogo não é complexo para aprender, mas as táticas de jogo podem variar, possibilitando diversas maneiras de alcançar a vitória.

O Puerto Rico é considerado pela maioria dos jogadores como o melhor jogo do mundo, inclusive foi o número 1 da lista da Boardgamesgeek por anos. O jogo fez tanto sucesso que gerou um novo jogo que muitos chamam de o "Puerto Rico de cartas": o San Juan. (http://www.boardgamegeek.com/game/8217)

Figura 1.8 • O San Juan
(Imagem retirada do site Boardgamegeek – http://www.boardgamegeek.com)

O San Juan é um jogo cujo objetivo é construir 12 prédios na vila de San Juan (Capital de Porto Rico). O jogador pode construir, prospectar minas de ouro, vender produtos etc. para alcançar este intento. O jogo em si também é muito simples, mas tem uma gama de estratégias enorme.

Aprofundando a Mecânica

Como é que funciona um jogo deste tipo? Basicamente não se rolam dados nas partidas (não existem, com exceção do Monopólio), sendo baseado em decisões dos jogadores que podem gerar acontecimentos tais como:

a) Geração/produção de um recurso;

b) Venda de um recurso, transformando num tipo de moeda do jogo;

c) Aquisição de um bem que produza ou gere novos recursos.

Por exemplo, no Puerto Rico, o jogador pode ter uma plantação de tabaco e uma fábrica de tabaco, gerando assim produtos que podem ser enviados para a metrópole ou serem vendidos no mercado. No caso do envio, ele gera pontos que permitem vencer o jogo; no caso da venda, ele geraria dinheiro para investir em novos prédios e movimentar a economia. Os jogos funcionam desta maneira, sendo que o fator sorte é mínimo, dando lugar à estratégia.

Jogos de estratégia modernos

Conceitualmente, muitos autores consideram-nos wargames, e não vamos fugir a esta qualificação, apenas vamos dizer que os wargames clássicos, os chamados hex-and-counter (mapas divididos em hexágonos e peças representando os exércitos/unidades militares), possuem uma mecânica mais simples e voltada para uma situação de batalha em si. Já os de estratégia recebem toda uma roupagem histórica, política e econômica. Vamos então falar sobre esses títulos. O jogo importado mais conhecido do público gamer brasileiro é o clássico Axis and Allies (http://www.boardgamegeek.com/game/98), de 1981. Muitos jogadores de RPG já ouviram falar do mesmo, sendo considerado o avô de todos eles. É um dos grandes clássicos que deram origem a títulos modernos. O Axis era um jogo lançado num momento em que os wargames hex-and-counter ainda dominavam o mercado, mas foi uma iniciativa pioneira da Milton Bradley Games, que estava antecipando uma tendência. O Axis deu origem a diversos módulos e expansões, sendo que hoje é jogado com miniaturas.

Figura 1.9 • O Axis and Allies Original – Origem da foto Boardgamegeek
(Imagem retirada do site Boardgamegeek – http://www.boardgamegeek.com)

Vamos avançar para o início da década de 90, onde os jogos de estratégia começaram a ter uma nova roupagem, principalmente para competir com os computadores e a Internet. Em 1994, o jogo "We the People" (http://www.boardgamegeek.com/boardgame/620), de Mark Herman, lançado pela Avalon Hill, introduziu um conceito que começaria a ser utilizado nos jogos atuais: o sistema Card Driven (Regidos por cartas – tradução livre de nosso autor aqui, aceito sugestões!). O maior problema dos wargames antigos era a utilização de eventos históricos em uma partida.

Mark resolveu isso criando cartas de eventos, que eram utilizadas durante o jogo e criavam um dinamismo impressionante. Esta foi a primeira quebra dos padrões clássicos dos wargames e um divisor de águas que mudou muitas coisas nos jogos. Este tipo de mecanismo permitiu a entrada de economia, conquista de área diferenciada, modificação de exércitos mediante fatos históricos e introdução de possibilidades enormes nos jogos.

Muitos wargames mudaram a cara "virando jogos de estratégia", criando assim toda uma classe nova. Apesar de isto ter sido introduzido em 1994, em 1991 já havia jogos muito diferentes dos wargames clássicos e que começaram a vislumbrar o mercado mais voltado para este público. Novamente a Avalon Hill lança um jogo chamado History of the World (http://www.boardgamegeek.com/game/224), o qual trazia as cartas como delimitadores de época e de ações. Este mesmo jogo ganhou uma nova roupagem pela Hasbro (que comprou a Avalon Hill) incluindo mais de 500 miniaturas de jogo e um lindíssimo tabuleiro. Esta mudança começa de maneira sutil a transformar os wargames.

Figura 1.10 • We the People – O Grande Divisor
(Imagem retirada do site Boardgamegeek – http://www.boardgamegeek.com)

Figura 1.11 • History of the World
(Imagem retirada do site Boardgamegeek – http://www.boardgamegeek.com)

Em 1996 outro grande jogo foi lançado: o Hannibal (http://www.boardgamege-ek.com/game/234), que era um outro grande clássico da Avalon Hill. Este jogo está sendo relançado devido ao seu grande sucesso e agora está muito mais bonito.

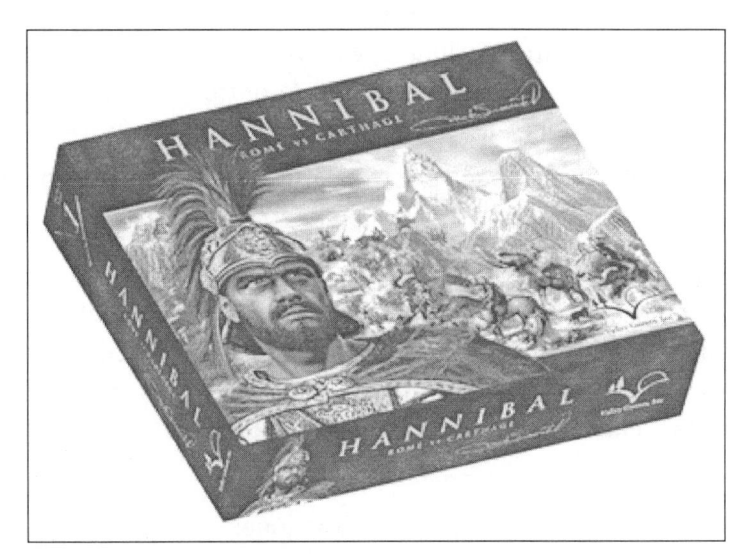

Figura 1.12 • Hannibal
(Imagem retirada do site Boardgamegeek – http://www.boardgamegeek.com)

Avançando um pouco mais ainda na década de 90, mais para seu final, os jogos começaram a se render definitivamente às miniaturas, principalmente nos EUA. Surgem os chamados Ameritrashes, jogos com miniaturas, cartas e dados, diferentes dos primeiros europeus a entrarem no mercado.

A evolução dos mecanismos

Os jogos de estratégia modernos realmente foram uma evolução dos antigos wargames. Mantendo alguns aspectos como rolamentos de dados, eles incorporaram mecânicas como:

a) **Card Driven** (Regidos por cartas de eventos) – Cartas que são sorteadas, ou utilizadas durante o jogo, capazes de representar diversos acontecimentos (revoluções políticas, descoberta de recursos, fatores históricos etc.);

b) **Economia** – Certos jogos movimentam uma economia para a guerra/desenvolvimento, ou seja, com a geração de recursos é possível desenvolver novas tecnologias (por exemplo, o Twilight Imperium) ou comprar unidades de combate;

c) **Papéis** – Depois que o Puerto Rico trouxe a ideia de papéis (o jogador pode fazer uma ação de construir, vender, desenvolver recursos etc. representando papéis como: construtor, comerciante, entre outros), muitos jogos começaram a introduzir isto em seus mecanismos lúdicos;

d) **Diplomacia** – Em muitos jogos existem fases de diplomacia onde os jogadores podem fazer acordos entre si, comércio etc.

Estes mecanismos ainda podem ser acrescidos de mais alguns recursos e fatores de jogo. Um ponto é que a maioria deles continua com o combate resolvido por dados. Muitos jogadores não gostam deste estilo (o Ameritrash, citado anteriormente) e preferem títulos mais abstratos. Este tipo de combate tradicional, com lançamento dos dados, guarda o conceito dos antigos wargames.

Um outro fator interessante é que em muitos jogos a estratégia utilizada pode ser um grande diferenciador, como, por exemplo, a adoção de uma postura extremamente bélica custar ao jogador uma vitória. Diferentemente do wargame tradicional, que normalmente é o cenário de alguma batalha, o estratégico moderno tem toda uma economia por trás, onde a guerra pode ser extremamente cara para o jogador. A guerra vai existir, mas vai ter que ser algo muito planejado e com reservas econômicas suficientes para mantê-la.

Os wargames

Um wargame, ou jogo de guerra traduzindo para o português, é nada mais do que a reprodução, ou melhor, a simulação de um conflito militar real ou hipotético a fim de que possa ser feito um estudo sobre os seus aspectos estratégicos. Os wargames são tão antigos que têm antecessores como o chinês Chaturanga, o romano Latrunculli, até o Koenigspiel, inventado em Ulm pelo alemão Christopher Weikhmann em 1664.

Entre os anos de 1780 a 1824, vários tipos de desenvolvimento foram realizados, sendo que em 1824 um tenente prussiano de nome Von Reisswitz criou o chamado "kriegspiel", um conjunto de regras que era considerado um wargame clássico, pois criava os conceitos de movimentação para diferentes unidades, cálculos para resolução de combate, experiência de combate em unidades do exército etc.

Durante o restante do século 19, este tipo de jogo foi utilizado por militares de diversos países para simular conflitos. Em 1913, os wargames começaram a tomar os primeiros rumos de hobby através de H.G. Wells, que lançou o chamado Little Wars, que inclusive contemplava o uso de miniaturas. Durante a Segunda Guerra Mundial muitos jogos também foram criados, sobretudo com apoio de cientistas, principalmente matemáticos, para estudos de situações de combate.

O primeiro wargame comercial com fins de hobby foi criado em 1953 nos EUA por Charles S. Roberts e tinha o nome de Tactics. Este jogo era o clássico wargame de tabuleiro e teve uma produção totalmente profissional pela Stackpole Company, que já publicava livros militares. Em 1958, aproveitando que muitas pessoas se interessavam por este tipo de jogo, Roberts fundou a lendária Avalon Hill, que se tornou pioneira e logo sinônimo de wargames nas décadas seguintes.

A Avalon Hill foi sempre o sinônimo da palavra wargames de tabuleiro. Seus três primeiros lançamentos, Gettysburg, Tactics II e Dispatcher, fizeram com que a empresa fosse a pioneira nos jogos de estratégia baseados em eventos históricos.

Em 1962 foi adquirida pela Monarch, uma grande empresa gráfica, e se tornou a Monarch Avalon Printing Company. Enquanto isso os wargames se tornaram extremamente populares. Por 25 anos a Avalon Hill publicou clássicos como Squad Leader, que se tornou um wargame sinônimo de Segunda Guerra Mundial ao nível de pelotão.

Em 1976, a Avalon Hill criou a chamada Divisão de Jogos de Passatempo, que comprou os direitos dos produtos da 3M, que focavam menos o aspecto histórico e mais o estratégico e abordavam assuntos como: política, esportes, negócios etc.

Figura 1.13 • O Tactics com sua capa original
(Imagem retirada do site Boardgamegeek – http://www.boardgamegeek.com)

Em 1980, a Avalon começou a publicar seus jogos no computador; em outras palavras, ela começou a ver um mercado que nascia e que de certa forma iria acabar com os wargames de tabuleiro. Inicialmente lançando vários títulos para o antigo Commodore 64, obteve resultados decepcionantes. Com os gráficos muito pobres e a IA (inteligência artificial) extremamente fraca, a empresa amargou um fracasso nessas tentativas. Depois de oito anos, ela resolveu voltar ao seu velho estilo de jogo de tabuleiro e recuperou de certa forma o sucesso.

Na década de 90, os wargames de tabuleiro começaram a perder mercado para os computadores que, com gráficos cada vez mais poderosos, IA desenvolvida e logo depois a Internet com a possibilidade de jogos em rede e on-line, enterraram de vez grandes títulos. Finalmente, em 1998 a antiga Hasbro (atual Atari) comprou a Avalon Hill.

Infelizmente muitos clássicos foram tirados do mercado com esta compra, já que a empresa deixou de publicar grandes jogos de tabuleiro. Hoje o site da Avalon Hill está no ar (http://www.avalonhill.com) com seus produtos Risk e o Axis and Allies, mas os grandes clássicos se foram.

Na mesma década de 90 aconteceu o período negro dos wargames, com um quase desaparecimento dos jogos. Muitas empresas fecharam e os wargames ficaram segregados a nichos muito pequenos e pouco expressivos. O renascimento se deu sob a forma de empresas pequenas, quase iniciativas pessoais, no início do século XXI. Muitos estúdios surgiram e começaram a publicar novos títulos, reavivando assim o mercado.

Mecânica de jogo

Os wargames reproduzem batalhas históricas com o máximo de acuidade possível. Basicamente existem dois grandes tipos: os estratégicos (ao nível de grandes exércitos) e os táticos (ao nível de pelotões). O mecanismo é baseado no conceito de "hex and counter" (hexágono e peça), um tabuleiro de jogo dividido em hexágonos e as peças em forma de quadrados representando as unidades. Normalmente nas peças existem informações como movimentação, poder de ataque e de defesa. O jogo ainda contém uma tabela onde são resolvidos os combates rolando os dados e comparando ataque e defesa, obtendo assim diversos resultados.

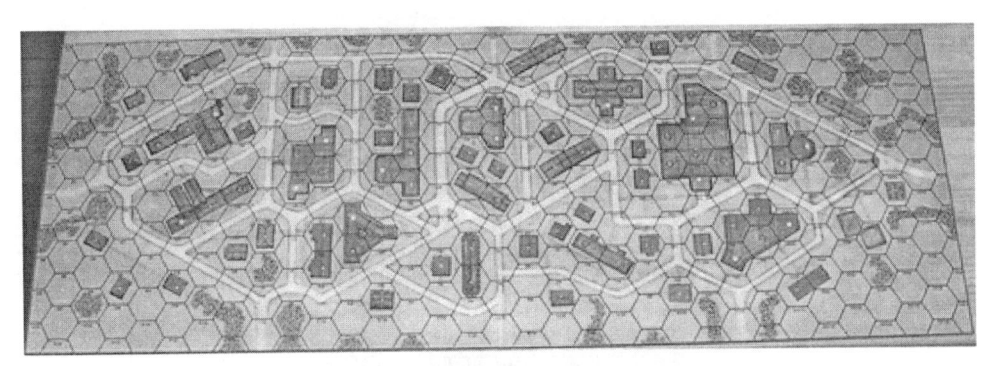

Figura 1.14
Um tabuleiro de jogo do Squad Leader, dividido em hexágonos
(Imagem retirada do site Boardgamegeek – http://www.boardgamegeek.com)

Os wargames podem abarcar os tipos: aéreos, terrestres e marítimos, sendo que os mais comuns são os terrestres com a reprodução de batalhas desde os tempos antigos até baseados em ficção científica.

Os wargames modernos

Os wargames durante muito tempo foram considerados jogos difíceis e demorados. Isto de certa forma foi uma verdade e contribuiu em muito para o seu quase desaparecimento. No final dos anos 90, os jogos começaram a mudar sua tônica, com jogos complexos e demorados dando lugar a jogos mais rápidos e com regras mais simples, mas sem perder a jogabilidade e o contexto histórico. Muitas mudanças foram promovidas, mas o conceito de "hex and counter" continua sendo o principal. Muitos wargames começaram a colocar mecanismos dos alemães e se tornaram mais amigáveis.

Figura 1.15 • Condottieri (http://www.boardgamegeek.com/game/112)
Um exemplo de Wargame Moderno que adotou uma mecânica simplificada e excelente.
(Imagem retirada do site Boardgamegeek – http://www.boardgamegeek.com)

Hoje os wargames continuam ainda sendo um nicho de mercado, mas estão lentamente retomando seu lugar no mundo dos jogos de tabuleiro.

Jogos cooperativos

Os jogos cooperativos são um tipo de jogo onde um grupo de jogadores é submetido a várias tarefas para alcançar a vitória final. Por exemplo, cada jogador representa um personagem e através de tarefas determinadas, como conseguir um tipo de objeto, matar um monstro ou realizar uma ação, ganha pontos para que o grupo alcance a vitória. Vou começar com um jogo muito conhecido, o Shadows Over Camelot (http://www.boardgamegeek.com/game/15062), onde cada jogador representa um cavaleiro da corte do Rei Artur e passa por diversas "quests" (buscas), como a busca pelo Santo Graal.

Figura 1.16 • O Shadows over Camelot
(Imagem retirada do site Boardgamegeek – http://www.boardgamegeek.com)

O jogo funciona com um mecanismo baseado em cartas de eventos e tarefas. Ao jogar, um participante tira de uma pilha de cartas os eventos "ruins" que influenciam as tarefas do jogo, e de outra pilha, os eventos "bons" que o ajudam em sua aventura. Mediante o balanceamento destas cartas, as tarefas podem ser realizadas e assim obter a vitória ou derrota da partida. Um ponto muito legal é que um jogador pode ser um traidor e tentar prejudicar os outros, causando assim a vitória do mal e a sua. Trata-se de um jogo que muitos jogadores de RPG adoram e uma partida dura uma média de 100 a 120 minutos.

Um outro título que encanta muitos jogadores fãs de H.P. Lovecraft e Cthulhu é o Arkham Horror (http://www.boardgamegeek.com/game/15987), onde cada jogador vive um investigador que tem que evitar que Cthulhu venha à Terra e comece seu reinado de terror. O jogo é passado em 1926 e tem todo o clima de terror dos livros e do RPG.

Figura 1.17 • O Arkham Horror
(Imagem retirada do site Boardgamegeek – http://www.boardgamegeek.com)

Uma partida dura em média de 180 minutos, e muitos jogadores dizem que é um verdadeiro "RPG de tabuleiro" de Cthulhu.

Outro jogo de terror cooperativo muito famoso é o Betrayal at House on the Hill (http://www.boardgamegeek.com/game/10547), da Avalon Hill. Este jogo é passado numa mansão mal-assombrada (montada pelos jogadores), que os mesmos precisam explorar em busca de tesouros, encontrando diversos monstros, fantasmas etc. É um jogo muito divertido com uma atmosfera mais "light" do que o Arkham. O jogo tem duração média de 60 minutos por partida.

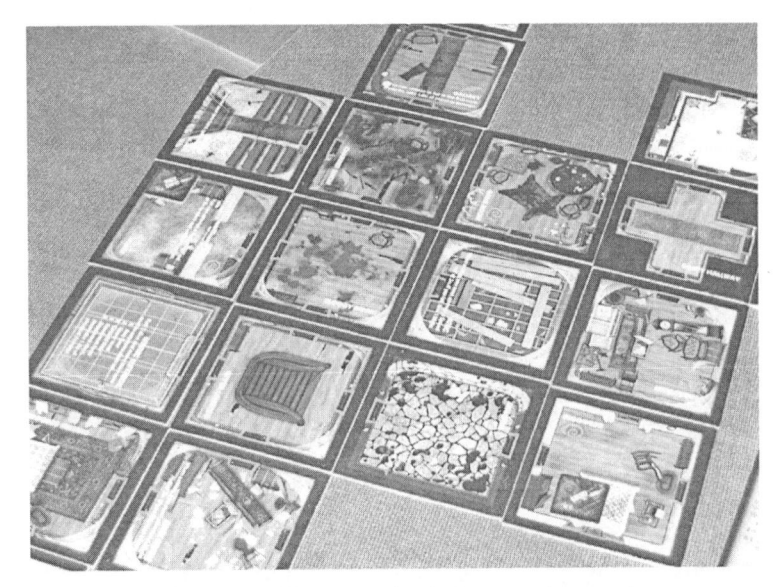

Figura 1.18 • Exemplo de Jogo no Betrayal
(Imagem retirada do site Boardgamegeek – http://www.boardgamegeek.com)

A linha tênue com o RPG

Muitos apontam este estilo de jogo como verdadeiros RPGs de tabuleiro, com a mesma ideia de uma sessão de jogo deste tipo. Nos jogos cooperativos não existe a figura do "Mestre de Jogo" e sim diversos mecanismos que simulam situações como, por exemplo, cartas de evento, NPCs etc. Alguns devem falar que eu não citei o Descent (http://www.boardgamegeek.com/game/17226), que, apesar de ser cooperativo, na minha opinião é um verdadeiro RPG em forma de jogo de tabuleiro com belíssimas miniaturas.

Nos jogos cooperativos, normalmente os jogadores são representados por personagens como nos RPGs, com características, habilidades etc. Uma coisa curiosa é que muitos jogadores de tabuleiro vieram do RPG, pois achavam que os sistemas não tinham tido nos últimos anos grandes inovações e acabaram elegendo como títulos preferidos jogos cooperativos (que em muitos casos lembram sessões de RPG – curioso não?). A verdade é que, tirando o Shadows e o Betrayal, senti nestes jogos uma proximidade enorme com os RPGs antigos, com a vantagem de que estes jogos não precisam de toneladas de regras e livros. Citando o Descent novamente como exemplo, ele é o clássico tipo de aventura de "exploração de masmorra" com personagens clássicos, miniaturas e poucas regras (sem perder o encanto de um RPG). Acho que todos deveriam dar uma olhada e conhecer este tipo de jogo.

Figura 1.19 • Uma sessão de Descent:
Qualquer semelhança com RPG, não é coincidência
(Imagem retirada do site Boardgamegeek – http://www.boardgamegeek.com)

Jogos virtuais – os jogos eletrônicos

Os videogames podem ser datados do ano de 1958 quando William Higinbotham's criou na tela de seu osciloscópio o chamado tênis para dois, que consideramos o pai de todos os jogos. Em 1961, três estudantes do MIT, Martin Graetz, Steve Russell e Wayne Wiitanen, criaram o chamado Spacewar! num jurássico DEC PDP-1. Em 1971, o primeiro videogame comercial o chamado Computer Space foi criado por Nolan Bushnell e Ted Dabney (tendo aparecido no filme "No Mundo de 2020", em 1973) e em 1972 surgiu o primeiro console de jogo o Magnavox Odyssey baseado num projeto da década de 60 de Ralph H. Baer chamado "Brown Box". O jogo utilizava a TV doméstica para projetar as imagens e abriu caminho para outros consoles como o Atari em 1975 (com sua versão caseira do jogo Pong de 1972) e diversos clones.

Figura 1.20 • Tennis for Two
(Imagem extraída da Wikipédia)

Na década de 80 tivemos o boom dos consoles como o Coleco e o surgimento de mais jogos pela Atari de clássicos como PAC Man, River Raid, Donkey Kong etc. Com o aumento da potência dos processadores e o boom dos micros domésticos, os videogames passaram por uma revolução, dando origem a jogos mais poderosos e realistas, até os atuais mais conhecidos do mercado.

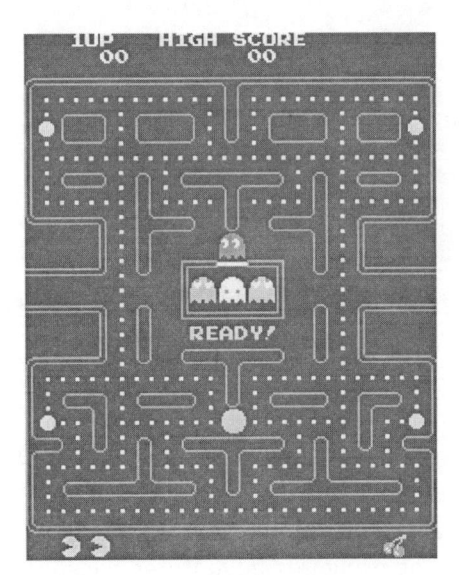

Figura 1.21 • O Pac Man – um dos maiores clássicos dos videogames
(Imagem extraída da Wikipédia)

Plataformas

O termo plataforma utilizado pelos videogames define a combinação dos componentes eletrônicos (hardware) juntamente com o software de alto ou baixo nível que permitem sua operação. Alguns autores costumam utilizar o termo sistema para determinar a mídia, ou melhor, a interação que um jogador tem com o jogo em si. Os jogos de PC são classificados como aqueles que um jogador tem envolvimento com um computador, com um monitor de alta resolução e demais aparatos como placas de som, rede etc. (podemos citar a utilização de joysticks). Os chamados jogos de console envolvem um dispositivo eletrônico especializado acoplado a uma televisão para exibir os jogos. A interação se faz por um joystick que reflete as ações do jogador no jogo. Existem desde os consoles clássicos como o Atari, que utilizavam os joysticks simples, até os atuais XBOX e Playstation, que possuem os mais diversos tipos reproduzindo armas, guitarras etc. Não vamos nos aprofundar no que diz respeito ao hardware e sim ao software.

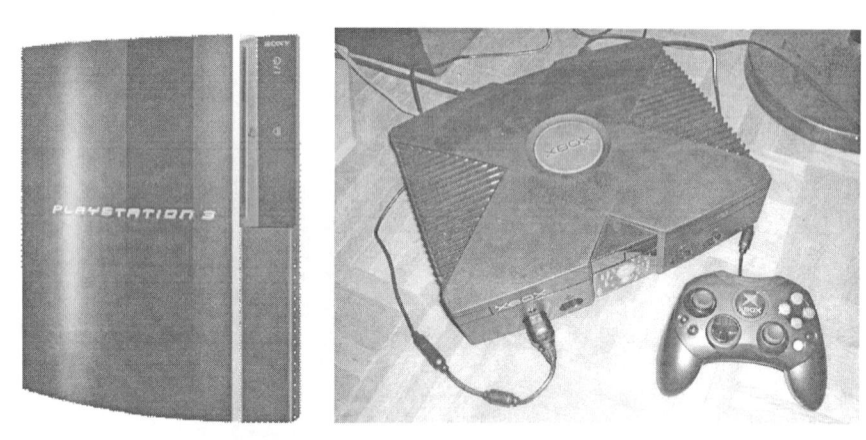

Figura 1.22 • O Playstation 3 da Sony e o XBOX da Microsoft
(Imagem extraída da Wikipédia)

Os gêneros

Os videogames são categorizados em gêneros, sendo que tudo foi feito a partir de uma evolução do hardware e do software. Basicamente com as inovações de processamento e do tratamento da imagem, os jogos passaram por uma evolução assustadora. Desde os primeiros adventures baseados em textos, até os jogos 3D atuais ultrarrealistas.

Podemos citar como gêneros os seguintes:

a) **Aventura** – Basicamente representam histórias que são desenroladas de acordo com ações do jogador. Muitos autores afirmam que há uma linha tênue deste tipo de jogo com os RPGs. O seu despontar foi feito com o Colossal Cave Adventure em 1970. Um dos mais famosos é o Myst da Brodernbund

Figura 1.23 • Colossal Caves e Myst – A evolução do Adventure
(Imagem extraída da Wikipédia)

b) **Luta** – Basicamente reproduzem jogos de luta entre dois jogadores, sendo seu início declarado com o jogo *Heavyweight Boxing* da SEGA em 1976. Um dos mais famosos é o Street Fighter.

Figura 1.24 • Street Fighter
(Imagem extraída da Wikipédia)

c) **Labirinto** – Basicamente os jogos se passam em labirintos. O mais famoso de todos é o PAC-MAN da Namco Japonesa de 1980.

d) **Plataforma** – Um dos jogos mais populares, onde o personagem do mesmo passa por diversas fases, utilizando plataformas e pulando entre elas. O mais famosos sem dúvida é o Mario Bros da Nintendo. Seu despontar foi feito pelo clássico Castelvania da Konami em 1986.

Figura 1.25 • O Mario de Ontem e de hoje: Evolução
(Imagem extraída da Wikipédia)

e) **Shooter (Tiro)** – Os jogos de tiro passaram por uma evolução absurda. São praticamente jogos de ação, onde o jogador em tempo real deve destruir diversos alvos pela tela. Diversos títulos podem ser considerados shooters, até mesmo o clássico Space Invaders, mas o grande passo e evolução vieram com os chamados shooters de primeira pessoa. O maior representante sem sombra de dúvida foi o DOOM, que originou toda uma gama de jogos como o Quake (que agregou recursos de 3D e rede), permitindo inclusive a utilização de redes como elemento de integração. Isto foi um gigantesco passo que revolucionou toda a indústria de games.

f) **Simulação em geral** – Os jogos de simulação sempre procuraram envolver a reprodução do mundo real. Desde seu uso militar inicialmente (simuladores de vôo) até sua chegada aos consoles, estes jogos sempre tiveram um público cativo. Basicamente podemos definir como dois tipos: veículos (aviões, carros, navios e helicópteros) e realidade cotidiana (cidades, pessoas etc). Temos vários clássicos como: Filght Simulator, Sim City, The Sims etc.

g) **Role Playing** – Os RPGs sempre foram considerados prato cheio para os jogos eletrônicos, começando desde os MUDs (Multi User Dungeon), até os atuais recheados de gráficos, som e recursos de rede. Um dos grandes clássicos sem sombra de dúvida é a série Ultima, que inclusive agregou elementos de primeira pessoa (Ultima Underworld)

Figura 1.26 • Doom, a grande sacação dos Shooters, e o Quake III Arena
(Imagem extraída da Wikipédia)

Figura 1.27 • Flight Simulator da Microsoft – Realismo Completo
(Imagem extraída da Wikipédia)

Figura 1.28 • The Sims – Um dos jogos mais queridos da atualidade
(Imagem extraída da Wikipédia)

Figura 1.29 • O Clássico da Ultima de 1980 e o Ultima Underworld
(Imagem extraída da Wikipédia)

h) **Estratégia** – Vindos dos wargames que começaram a passar para os computadores na década de 80, são jogos que simulam batalhas em geral. Existem dois tipos: os baseados em turno (wargames clássicos) e os de tempo real, onde os jogadores controlam em tempo real suas tropas. Podemos citar grandes sucessos como Age of Empires, Axis and Allies, Command and Conquer etc.

i) **Adultos** – Jogos com temática sexual são basicamente um nicho de mercado que fazem paródias com os jogos anteriormente citados.

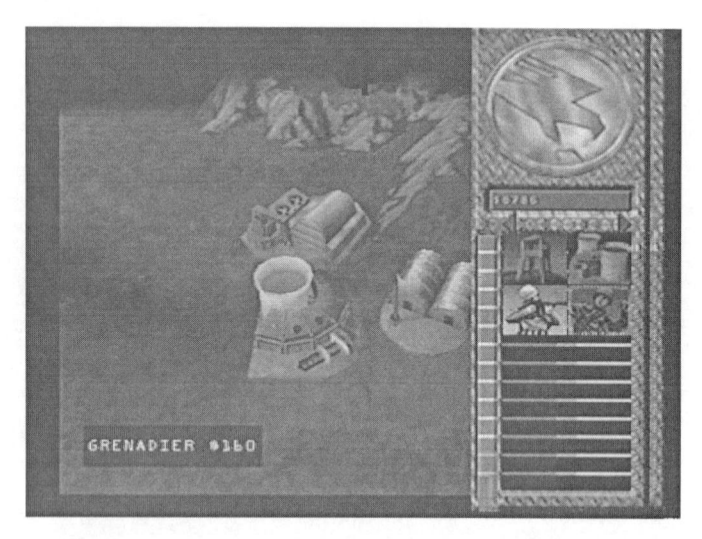

Figura 1.30 • Command and Conquer no Nintendo 64
(Imagem extraída da Wikipédia)

Podemos citar outros jogos notáveis como os pinballs, esportes etc., que são representantes consideráveis no mercado.

Jogos em rede/Internet

Jogos por rede são jogos de computador que usam uma rede (Internet ou local), geralmente através do protocolo TCP/IP, para permitir uma ligação de utilizadores entre si. Os primeiros jogos que usaram este tipo de recursos foram os de tiro em primeira pessoa (DOOM, Quake etc.), mas a evolução da Internet e suas conexões (maior velocidade) deram uma faceta totalmente revolucionária e originaram diversas variantes. Esta evolução começou em 1991, quando estes jogos começaram a utilização dos recursos de rede (inicialmente modems e protocolo IPX) para que as pessoas pudessem jogar entre si. Clássicos como o Counter-Strike, Battlefield etc. representam seus maiores expoentes. Em 1994 a Compuserve e a American Online começaram a disponibilizar em suas BBS jogos on-line e em 1995 com a revolução da Internet os jogos começaram a se tornar populares. Em 1997, com a velocidade aumentando e a popularização da banda larga, os jogos em rede passaram para um novo patamar, começando a surgir os MMOR-PGs (Massive Multiplayers Online Role Playing Games) como Ultima e o grande clássico World of Warcraft em 2004.

Figura 1.31 • World of Warcraft, o jogo que mudou tudo
(Imagem extraída da Wikipédia)

Com relação ao World of Warcraft o mesmo representou uma evolução e o surgimento da chamada vida virtual (que de certa forma inspirou o Second Life). Pessoas começaram a viver no mundo virtual do Warcraft, criando amizades e relacionamentos que passaram para o mundo real (casamentos inclusive aconteceram!). Isto representou todo o surgimento de um comportamento nos mundos virtuais que geraram documentários, livros e até teses de doutorado, mas vamos nos ater apenas ao jogo neste momento, não às características psicológicas e filosóficas do mesmo.

A verdade é que os jogos em rede/Internet hoje são uma forma de entretenimento mais do que consolidada e seguiram uma evolução que ainda acontece.

Conclusões

Neste capítulo inicial, apresentamos os tipos de jogos mais comuns que o indivíduo que queira adentrar no mundo do design possa conhecer. Nosso objetivo não é aprofundar todos os conceitos e sim deixar uma brecha aberta para que o interessado possa pesquisar mais um pouco sobre o assunto. Apresentaremos a seguir algumas propostas de exercícios. A partir de agora recomendamos que o leitor tenha um caderno real ou virtual (editor de texto) para anotar suas impressões.

Exercícios

1. Descreva em suas palavras o que entende por jogo. Tente se lembrar de algum jogo de sua infância (eletrônico ou de tabuleiro) que o tenha marcado e por quê.

2. Descreva as reações em uma partida quando você joga algum jogo virtual ou real. Se possível anote suas emoções e motivações.

3. Qual o tipo de jogo que o mais agrada e por quê?

2. O Designer de Jogos

O que é um designer de jogos?

Projetar um jogo para as pessoas se divertirem não é uma tarefa fácil para muitos. Combinar os elementos que formam um sistema para que o mesmo possa cumprir sua tarefa de maneira esperada, realmente é uma tarefa que requer muitas qualidades encontradas em poucos indivíduos. Tecnicamente falando o designer de jogos é o indivíduo que "visualiza um jogo numa situação real", desenvolve as regras, estipula os objetivos, os procedimentos necessários para o desenrolar do mesmo, cria o universo, a mecânica do jogo e faz toda a estrutura para que os jogadores fiquem envolvidos no seu produto.

O designer antes de tudo é um indivíduo criativo, dinâmico, com uma ampla experiência em jogos e capaz de ver "pelos olhos do jogador". Esta característica de "ver pelos olhos de um jogador" faz com que os designers tenham sucesso em suas empreitadas. A principal razão de sua existência é o jogador, e por isso sempre, mas sempre, deve-se pensar no mesmo quando criar alguma coisa.

A carreira de designer de jogos hoje está em ascensão, graças à Internet e aos jogos eletrônicos, havendo uma carência de indivíduos talentosos, capazes de criar um jogo que cause o impacto necessário no mercado e que se torne o hit do momento. Mas ainda fica no ar uma pergunta que não se cala: como distinguir um game designer de um indivíduo normal?

Esta é a pergunta que em muitos casos cria mais dúvidas do que esclarecimentos. Apenas uma coisa é comum a todos: são apaixonados por jogos. Todos eles jogam, jogaram ou conhecem jogos em geral e até hoje estão avidamente procurando por novidades para se divertirem e terem novas ideias. Temos então um ponto de partida a ser explorado: a paixão pelos jogos.

Para muitos esta visão de profissional parece ser divertida, ou seja, uma pessoa ganha dinheiro para "brincar", mas a verdade é que o processo de criação de um jogo é uma das tarefas mais trabalhosas que existem e em muitos casos torna-se tediosa. Imagine uma pessoa jogar o mesmo jogo um número absurdo de vezes até que o mesmo esteja aceitável. Neste caso a brincadeira deixa de existir, dando lugar a um trabalho mental muito grande.

Uma outra coisa que desponta como mais um elemento de resposta para definir um designer é a sua capacidade de comunicação. A capacidade de se comunicar de maneira clara com pessoas que estejam interagindo no processo de desenvolvimento do jogo, em testes e a capacidade de "vender uma ideia". Calma, quando falamos vender uma ideia é saber apresentar o seu jogo de maneira clara, para que as pessoas se sintam compelidas a conhecê-lo, sejam elas jogadores ou donos de empresas. Um designer que sabe fazer estas coisas tem muito a ganhar em seus projetos. Da mesma maneira que é necessário que o designer saiba "vender suas ideias", deverá também aprender a "ouvir" as pessoas. O dom de "ouvir" é muito importante, pois as pessoas que estão à sua volta poderão contribuir com melhorias e com importantes críticas. Esta última palavra incomoda muita gente, mas tem que estar presente na cabeça do designer que as críticas fazem parte do processo de desenvolvimento e em muitos casos servem como ótimos alertas para os caminhos de um produto. Isto é muito importante e deve ser lembrado todo o tempo.

O processo de criação

Como é o processo de criação de um jogo? De onde surgem as ideias? Como transformar algo em uma mecânica de jogo?

Os jogos são sistemas (Zimmerman) muito frágeis, com ligações entre os elementos que os compõem, sendo que qualquer perturbação nesta ligação faz com que o sistema desmorone como um todo. Fulerton ainda afirma em seu Game Design Workshop que na fase final do desenvolvimento de um jogo a tendência à catástrofe pode ocorrer como: falta de tempo, descoberta de um problema tardio que pode eliminar partes do jogo, ou mesmo o resultado final transformar o jogo em um natimorto.

Neste caso, o designer está amparado por uma equipe de trabalho, coisa comum nos dias hoje, já que fazer um jogo de computador é o equivalente a uma produção cinematográfica, bem como um jogo de tabuleiro é o equivalente a produzir um livro de qualidade altíssima. Nenhum designer hoje é artista, compositor, programador, modelador 3D etc. Ele utiliza esta equipe para moldar e dar vida ao seu jogo. Mas não é só isso: a mesma equipe pode testar e dar um trabalho de feedback muito precioso ao projeto.

Entra então outro ponto que devemos citar e que muitos autores dizem que é a grande diferença: inspiração. Quando o designer tem a ideia, rapidamente começa o processo criativo. Boa parte disso é atribuído à característica do designer em ver o mundo diferente da maioria das pessoas. Para ele a realidade a sua volta é um conjunto de sistemas que interagem e conseguem assim realizar diversas tarefas. Olhar o mundo para o designer é ver na realidade desafios, estruturas, jogos. Nossa sociedade guarda dentro de si diversos tipos de jogos, ou melhor, a estrutura do comportamento desta sociedade propicia diversos jogos.

Quando o designer começa a entender como diversas coisas acontecem, o mesmo tende a transformar estes acontecimentos em possíveis sistemas ou mecânicas de jogo. Por exemplo, a bolsa de valores é uma excelente fonte de inspiração, já que o mecanismo de subida e descida de ações pode ser adaptado a um jogo. O conflito político entre dois países pode ser também transformado em um jogo de guerra e por aí vai.

> "O mundo é um grande jogo composto por pequenos jogos que trabalham de maneira independente".
>
> *Fulerton*

Para objeto de análise é preciso olhar uma situação e transformá-la em um sistema. Novamente o exemplo da bolsa, onde pode existir um mecanismo de eventos aleatórios (cartas, por exemplo) que geram a flutuação do mercado e a compra e venda pelos jogadores podem influenciar o preço. Este entendimento permite fazer um jogo de qualquer coisa, basta apenas esta visão *analítica* de uma situação.

Por fim, vamos falar do último fator importante: criatividade. Não há como mensurar a criatividade ou ensinar a ser criativo, isto é o fruto de todo um processo de formação do indivíduo. Porém, podemos criar mecanismos de estimulação para desenvolver a criatividade. Alguns autores como Fulerton citam que o designer para estimular sua criatividade deve lembrar de suas memórias de infância ou de suas experiências de vida. Este ponto é uma base que muitos utilizam para explorar sua criatividade: lembranças que possam trazer algo à tona e despertar no indivíduo um ideia. Isto parece ser muito simples, mas podemos estimular diversos pontos em nosso consciente e despertar fagulhas de criatividade.

O processo de design de um jogo

Chegamos ao primeiro ponto de partida de nosso livro: o processo de design de um jogo. Quando o designer tem a ideia, ou a inspiração para criar um novo sistema de jogo, começa um conjunto de processos que norteará todo o desenvolvimento até sua etapa final, onde o sistema estará perfeito e atenderá às necessidades de jogabilidade. Mas que passos seriam estes e de que forma devem ser executados?

Antes de tudo, quando um jogo é criado o primeiro elemento a ser pensado é o jogador. Isto mesmo, o jogo só terá sucesso se *for feito para o jogador e não para o designer*. Isto significa saber quais seriam as expectativas que um jogador teria ao abrir a caixa do produto, ler as regras e passar seu tempo com um determinado jogo. Num momento inicial o designer poderá utilizar apenas folha de papel (real ou eletrônica) e colocar suas ideias de maneira a serem entendidas por ele. Trata-se da construção de um sistema primitivo que será a semente do jogo em si.

Neste momento a tarefa é solitária e não depende da opinião de uma equipe de apoio, apenas o designer estará trabalhando no mesmo. (Lembramos novamente: o jogo deverá ser feito para o jogador e não para o designer.)

Basicamente o processo começa com a ideia, ou seja, trabalhar inicialmente com o projeto do jogo. Em seguida vem o desenvolvimento da mecânica do jogo, isto é, a criação do modelo que se adeque às necessidades de nossa ideia. Em seguida temos o desenvolvimento de um protótipo físico, mesmo que este jogo seja de computador. Seguimos com os testes até encontrarmos uma versão que possa ser considerada final. Podemos seguir o esquema a seguir:

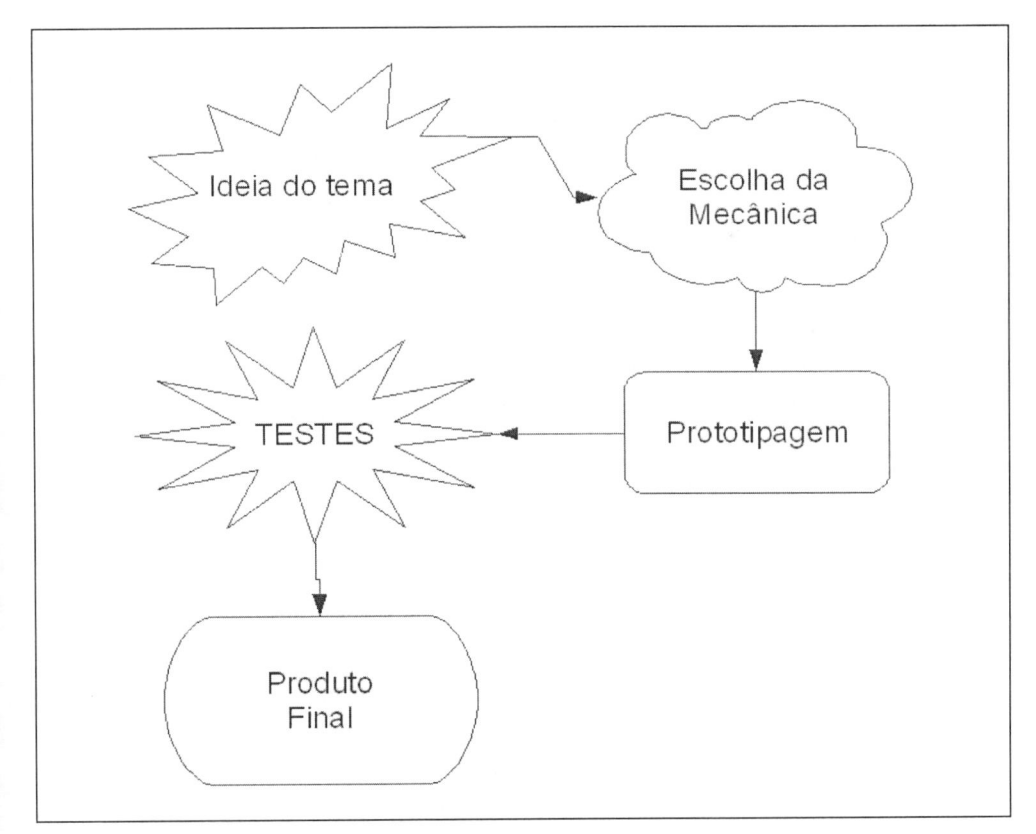

Figura 2.1 • Fases de Criação do Jogo

Estas fases serão detalhadas em capítulos futuros, mas o designer deve ter em mente que este pequeno esquema pode ser utilizado para nortear o desenvolvimento do produto real ou virtual. O ponto de partida é a ideia, ou seja, o embrião do projeto começa justamente ali. Vamos discutir as técnicas de brainstorming em seus aspectos iniciais.

Tenho uma ideia; por onde eu começo?

De repente, o designer acorda de manhã e um raio cai sobre sua cabeça: finalmente surge do nada uma ideia para um jogo. Aquele momento mágico encanta o indivíduo e começa uma verdadeira tempestade em seu cérebro. Mais do que rápido pega lápis e papel (ou o teclado do computador) e começa a escrever loucamente sobre o mesmo. Contudo, depois de algumas horas, começa a ver que a ideia é muito boa, mas a materialização da mesma é um pesadelo de conceitos. Nesse momento devemos ter muita calma.

Ter uma boa ideia é o princípio de tudo para começar um projeto. Não adianta querer sair escrevendo as regras de um sistema que você não sabe exatamente como ficará. Uma lição que deve ser aprendida é que temos que ter **muita calma** e uma linha de raciocínio bem estruturada. Começamos a desenvolver a ideia com os seguintes passos:

a) **Tema do jogo** – O ponto de partida de qualquer jogo é a pesquisa, seja na Internet, em bibliotecas etc. para saber se existe algo similar ao tema proposto. Muito provavelmente a resposta será verdadeira, mas na maioria das vezes podemos verificar que a mecânica, o contexto e a forma são totalmente diferentes do imaginado. Estas referências são muito interessantes para que possamos avaliar e termos ideias para o sistema. A pesquisa serve principalmente como uma maneira de obtermos informações sobre o tema e durante esta exploração descobrir outras facetas que podem ser exploradas.

b) **Mecânica** – Hoje em dia diversos tipos de mecânicas existem no mercado (veja o capítulo 1). Vários exemplos vindos de jogos poderiam ser citados: leilões, desenvolvimento econômico, dominação de área, shooters, plataforma etc. Neste momento é muito comum que as primeiras dúvidas ocorram, mas isto faz parte do processo de criação. Tente imaginar qual seria a melhor mecânica para o sistema e pense se ela realmente é aquela ideal. Em alguns casos pode existir a substituição durante o desenvolvimento.

c) **Duração** – Quanto tempo duraria o jogo? Horas? Minutos? Nos dias atuais um bom jogo dura em média uma hora, mas é claro que existem exceções. O que você quer fazer? Novamente citamos que o designer deve olhar seu público-alvo e que tipo de resultado deseja para o mesmo. A pergunta deve ser feita e refeita.

d) **Jogabilidade** – É um jogo simples? Ou existem muitos detalhes? Neste momento recomendamos uma coisa: simplifique inicialmente. Nunca tente fazer algo muito complexo logo de cara, pois é muito fácil o designer se perder em sua concepção.

Vamos dar um exemplo do jogo Energia Verde, mostrando o diagrama citado preenchido com observações para que o leitor tenha noção de como pode ser feito o processo de criação passo a passo. Vamos começar com cada pedaço do diagrama:

Ideia
Jogo Ecológico sobre
Mercado do Carbono

Figura 2.2 • Fases de Criação do Jogo

A ideia é retratar em um jogo as principais facetas do mercado de carbono, movimento ecológico que trata os processos industriais para evitar que os mesmos contribuam para a mudança climática do planeta. As pesquisas realizadas na Internet permitiram um levantamento inicial de material muito bom para a montagem do mesmo.

Mecânica :
Leilão, Economia
e Ação

Figura 2.3 • Fases de Criação do Jogo

O jogo vai ser inicialmente de tabuleiro com cartas (cardgame) onde existirão turnos, divididos em fases que, pensadas inicialmente, seriam as seguintes:

a) **Carta de evento** – Um dos jogadores pega uma carta da pilha das cartas de evento e deverá ler em voz alta. O evento ali presente influenciará todos os jogadores na mesa.

b) **Aquisição de Empresas** – nesta fase os jogadores poderão comprar empresas. Cada jogador pode comprar uma empresa por turno e estas aquisições geram dois itens importantes no jogo: megacréditos e pontos verdes.

c) **Ecotecnologias** – Nesta fase os jogadores podem comprar ecotecnologias. As ecotecnologias são melhorias para as empresas no jogo. Empresas de pesquisa desenvolvem tecnologias especiais voltadas para a sustentabilidade corporativa. No jogo estas tecnologias são adquiridas e aplicadas nas empresas do jogador. A aquisição de uma destas tecnologias é feita através do processo de licitação, traduzido por um leilão entre os jogadores.

d) **Faturamento** – Nesta fase as empresas geram megacréditos para os jogadores. Eles devem receber a quantia de maneira correta.

e) **Pontos verdes** – Nesta fase os jogadores contam seus pontos verdes e movem seus marcadores indicando quantos pontos cada um possui. O jogador que tiver mais pontos no final do ano ganha o jogo.

f) **Subsídios Governamentais** – O jogador que tiver mais empresas não poluentes recebe um bônus na forma de um subsídio governamental. Ele recebe uma quantia em megacréditos como um prêmio de incentivo às suas ações.

Prototipagem

Figura 2.4 • Fases de Criação do Jogo

O protótipo foi feito com cartas simples, apenas para ilustrar o conceito e os elementos básicos do jogo, que terá os seguintes componentes:

4 tabuleiros representando cada empresa	4 usinas eólicas
10 cartas de evento	4 centros de reciclagem
25 cartas de ecotecnologias	4 áreas de reflorestamentos
36 cartas de instalações	4 usinas solares
4 fábricas	4 fazendas marinhas
4 usinas termoelétricas	500 megacréditos – divididos em 5, 10, 20 e 50.
4 usinas nucleares	5 marcadores
4 refinarias	

A preocupação na prototipagem foi apenas reproduzir a mecânica, e considerações estéticas foram colocadas de lado neste primeiro momento.

Figura 2.5 • Fases de Criação do Jogo

Com os testes algumas modificações foram feitas e implementações acrescentadas, e o jogo começou a tomar forma. Como resultado final, o jogo apresentou uma performance razoável e está pronto para entrar na fase de produção. A escolha foi que o jogo no primeiro momento ficaria somente em ambiente físico, mas a ideia era que o mesmo fosse para ambiente de celular.

Real ou eletrônico

Começa um segundo momento em que o designer deverá decidir se o jogo será do tipo real ou implementado em um sistema digital. Apesar do jogo ser baseado em cartas, o designer poderia escolher entre as seguintes opções:

a) **Jogo em papel** – Um jogo impresso, que pode ser adquirido em uma loja.

b) **Vídeo jogo** – Jogo para computador ou videogame, que pode ser individual ou em rede/Internet.

c) **Jogo para celular** – Jogo desenvolvido para ambiente de celular.

As considerações em cada caso devem ser feitas pelo designer, mas é muito importante que um modelo do mesmo esteja pronto e funcional. Mesmo que o designer não saiba programar ou trabalhar com programas gráficos, o seu modelo de base será o modelo real de testes, servindo para a codificação de um sistema que possa ser implementado de maneira eletrônica. As bases do funcionamento podem ser codificadas por um programador e assim serem transpostas para um sistema.

Em nosso caso a escolha inicial foi fazer em papel, mas uma versão eletrônica começou a ser desenvolvida. A seguir, vamos mostrar um quadro comparativo das duas versões para acompanhamento do projeto. A ideia do mesmo é mostrar as diferenças entre eles em todas as suas características.

Especificações	Versão Real	Versão Eletrônica
Estilo de Jogo	Cardgame	Cardgame
Meio de Jogo	Meio físico baseado em papel	Desenvolvido para ambiente PC/MAC/Celular
Liguagem de Desenvolvimento	—	Java
Gráficos	3D	3D
Público	A partir de 10 anos	A partir de 10 anos
Mídia	Papel	Arquivo

Vamos observar que o jogo precisa de adaptações para cada situação, mas que a essência é a mesma. Um ponto importante no que diz respeito à linguagem para o ambiente PC é a escolha do Java, pois a portabilidade do mesmo pode ser feita para diversos sistemas operacionais, inclusive celular. Estas considerações devem ser levadas em conta se o designer orientar o seu trabalho para o meio eletrônico.

A elegância do design

> "Elegância não é apenas um ornamento que valoriza um homem."
>
> *Sêneca*

O conceito de elegância nos remete a valores do mundo da moda, onde considera-se "elegante" calçar um sapato Prada, vestir uma roupa Chanel, ou mesmo usar um perfume caro como o Sisley. Acho que pessoas e coisas elegantes são aquelas que de uma maneira simples e sem exageros conseguem resultados surpreendentes. Em muitos casos uma pessoa vestindo um simples jeans, camisa de malha e um tênis é elegante, pois sabe compor um conjunto com estes pequenos arranjos. O contrário também é verdadeiro: uma pessoa vestida com as roupas/acessórios mais caros da moda pode se tornar ridícula, ou "over", uma gíria comumente utilizada para descrever exagero que chega às raias do mau gosto.

Mas o que isto tem a ver com jogos? Afinal de contas existe o conceito de elegância em jogos? Viveu-se uma época antes dos jogos europeus em que os jogos americanos dominavam o mercado (não estamos falando só de Monopólio ou Diplomacia). Eram produtos de uma cultura de massa, ricos de uma "mitologia" urbana. Um exemplo disso: o Star Fleet Battles, um jogo de batalhas espaciais fruto da cultura "Trekkie" com mais de 30 anos de existência, dezenas de livros, brinquedos etc. Os americanos sempre valorizaram o "background" de um jogo e sempre fizeram produtos com este "background", o que não significa que estes jogos fossem bons.

Muitos deste títulos eram compostos de regras enormes, tediosas e extremamente detalhadas, que produziam "horrores injogáveis" (o maior exemplo é o Campanha do Norte da África do Richard Berg). Outros com um material belíssimo, mas com regras simplificadas demais, beirando o ridículo, fazendo com que os jogadores criassem suas próprias, jogando fora o manual original.

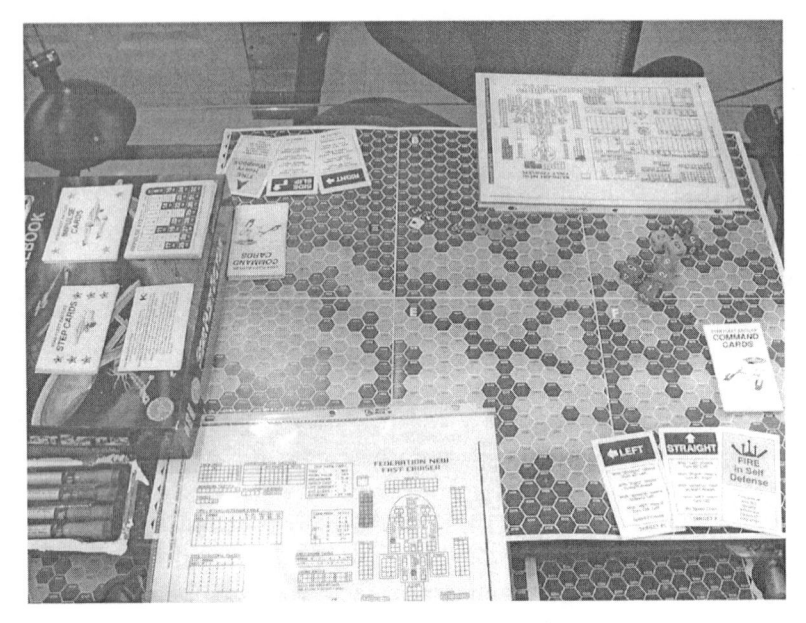

Figura 2.6 • Star Fleet Battles

(Imagem retirada do site Boardgamegeek – http://www.boardgamegeek.com)

Não havia um equilíbrio que os deixassem interessantes, ou que os tornassem produtos os quais valesse a pena passar o tempo se divertindo. Muitos destes produtos pararam no tempo, criaram um nicho até hoje explorado (vide as diversas versões do Monopólio...). Mas o termo "elegância" aplicado a um jogo é algo um pouco complexo. Como podemos visualizar esta "elegância"?

Em busca de elegância

Muitos citam como exemplo de elegância em um jogo o famoso Settlers of Catan. Foi o primeiro jogo europeu que tomou de assalto os EUA e "enterrou" alguns títulos clássicos com a nova visão alemã do mundo lúdico. Design belo, regras pequenas e consistentes, mas com resultados surpreendentes, foi a tradução inicial da elegância. O Settlers foi um marco, foi o início de toda uma nova fase neste mercado.

Um outro hit elegante foi o Doom, que sem sombra de dúvida revolucionou a indústria de jogos de computador, trazendo uma nova visão para o mercado, antes inexistente. O Doom fez tanto sucesso que seu designer ficou rico.

Mas o que faz um jogo elegante? Que mecanismos transformam uma simples ideia em algo que possa ser revolucionário? Onde está o *satori*, o barulho do calhau do bambu, que faz com que o designer possa ter a sua iluminação? Consideramos o desenvolvimento de um jogo como o entendimento de Koan Zen: até que o resultado seja conseguido, vive-se num turbilhão de pensamentos contraditórios. Normalmente os designers se baseiam em sistemas já existentes, tentando a partir daí conseguir resultados para um novo mecanismo.

Certos fatores atualmente têm sido colocados em pauta durante o desenvolvimento de um novo jogo:

✓ Facilidade de entendimento das regras;

✓ Tempo médio de uma partida;

✓ Jogabilidade;

✓ Aspecto visual.

Os jogos possuem uma série de aspectos muito interessantes. Parece um consenso generalizado que os dados estão se tornando peças de museu, ou seja, o fator sorte está cada vez mais excluído. Claro que tem que existir o fator sorte, mas sua diminuição parece ser uma tônica atualmente. Por exemplo, o Puerto Rico é um exemplo clássico de jogo sem dados, baseado sobretudo na estratégia, tendo a sorte como uma fator pequeno. Já o Twilight Imperium 3 é um misto de sorte e estratégia, pois as batalhas espaciais são decididas ainda no dado. O primeiro seria um jogo bem "europeu" e o Twilight tem uma visão mais americana. Surge aí o termo Ameritrash, isto é, jogos que ainda guardam a visão americana do jogo: uma enorme mitologia (background histórico), regras grandes a complexas, enfatização do combate jogador-jogador e altas doses de sorte. Isto é totalmente oposto ao jogo europeu que possui em muitos casos um alto grau de abstração, sem mitologia, regras simples e consistentes e muito pouca dependência da sorte. Os jogos de computador hoje estão voltados muito para um suporte à Internet, por isso normalmente os designers já criam seus jogos com este tipo de característica ou mesmo só para o ambiente de Internet. Esta consideração deve ser levada em conta pelo designer.

A elegância de um jogo está 90% em sua regra, pois a grande "sacação" é escrever um sistema sem muita necessidade de "aparatos" para ser jogado. Um exemplo é o "En Gard " do Knizia, um jogo simples, divertido e que se pode fazer em casa sem muitos recursos. Estamos deixando de lado outros títulos, mas o intuito deste capítulo é tentar traduzir um conceito que foi levantado. Se conseguirmos unir a elegância da regra com uma bela produção gráfica, teremos um casamento perfeito e conseguiremos alcançar um ótimo resultado.

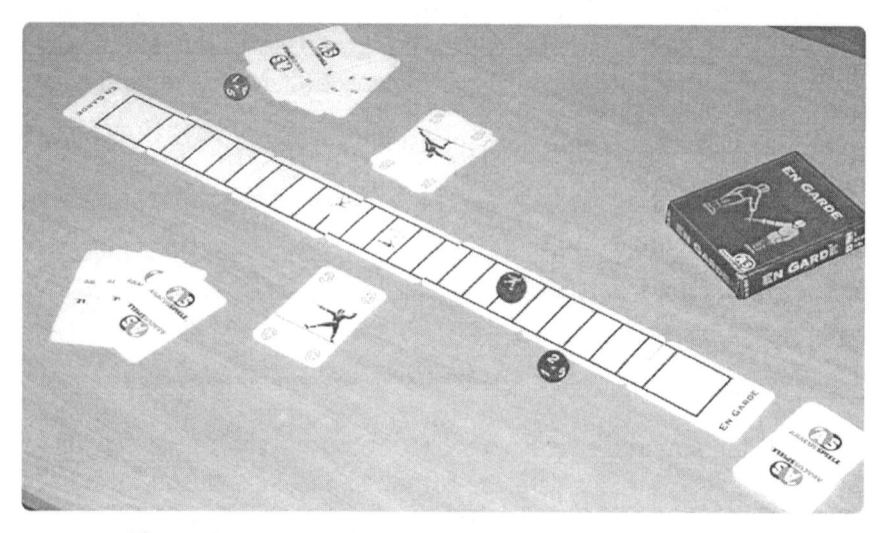

Figura 2.7 • En Gard de Reiner Knizia – Edição da Abacus
(Imagem retirada do site Boardgamegeek – http://www.boardgamegeek.com)

Definindo alguns detalhes finais

Estamos agora com uma ideia para desenvolvimento de um projeto, de um jogo que poderá alcançar o mercado real e o eletrônico. A pergunta que deve estar sendo feita agora por muito é "qual será o próximo passo?

Seria o processo de formalizar o jogo, ou seja, trabalhar com o conceito e direcionar os esforços para alcançar o público correto. Entra em cena um dos desafios mais importantes do jogo: escrever as regras e os detalhes que compõem o sistema em si. Mas isto é papo para os próximos capítulos.

Exercícios

1. Escolha três jogos que você realmente aprecie e tente descrevê-los.

2. Destes três jogos, escolha um deles para fazer uma análise do mesmo. Esta análise deverá conter o seguinte:

   Nome do Jogo

   Número de Jogadores

   Sistema

   Duração de uma Partida

   Descrição do Jogo

   Descrição dos Componentes do Jogo

   Jogabilidade

   Pontos Fracos e Pontos Fortes

   Conclusões

   Obs: Não tente atribuir nenhum tipo de nota.

3. Imagine situações que poderiam ser tratadas como jogos. Tente criar uma mecânica (sugestão: exemplo da bolsa de valores).

4. Sessão de Brainstorm.

   a. Escreva no papel ideias sobre jogos (por mais absurdas que sejam)

   b. Selecione as ideias que você achar mais interessantes

   c. Tente descrever estas ideias

5. Sessão de Apresentação.

   a. Escolha um jogo que você domine e goste

   b. Apresente por cerca de 20 minutos para um grupo de amigos

   c. No final peça a todos as suas impressões sobre sua apresentação.

3. Estrutura de Jogos

"Every game has two parts: rules and materials. The rules tell you how to play and the materials are the things you play with."

Eric Zimmerman – Rules of the Game –
http://www.ericzimmerman.com/texts/Boardgames.htm

Comparando jogos

Cada jogo existente possui uma estrutura única e, por mais similares que sejam, guardam características de jogabilidade específicas.

Vamos começar o capítulo propondo uma análise de dois tipos distintos: o Monopólio e o Counter Strike.

Inicialmente já atentamos para o fato de que um é jogo de tabuleiro e o outro eletrônico. Vamos listar as características marcantes de cada um:

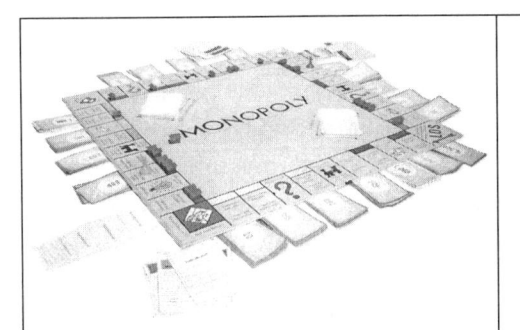

Figura 3.1 • Monopólio

Figura 3.2 • Counter Strike

Jogo de Tabuleiro	Jogo de Computador ou Videogame
O objetivo do jogo é comprar propriedades e companhias ganhando dinheiro. Vence quem conseguir ficar mais rico.	O objetivo do jogo é simular um combate entre duas equipes ("polícia x ladrão"), com armas, num ambiente 3D próximo à realidade. Vence quem sobrevive
Cada jogador é representado por um peão	Cada jogador é representado por um avatar 3D
Movimentação feita com rolagem de dados	Movimentação feita com teclado/mouse
Jogo de cálculos mentais/sorte	Jogo de habilidade/destreza física
Grau baixo de rejogabilidade	Alto grau de jogabilidade
Baseado em turnos de jogo	Tempo real

Comparando os dois jogos, vemos claramente que as diferenças são gritantes. No primeiro caso temos um tabuleiro, cartas, dados e peões para que o mesmo possa ser jogado, no segundo caso temos um programa de computador (software). Contundo, apesar destas diferenças, temos um objetivo comum aos dois casos: entreter os jogadores.

Ambos os jogos tentam criar uma atmosfera a fim de que os jogadores passem um determinado tempo se divertindo. Cada jogo tem sua proposta e seus objetivos claramente definidos, mas temos o ponto comum do divertimento para cada um deles. Aprofundando a nossa análise vamos observar que os jogos são formados por estruturas (similares a sistemas), que fazem com que os mesmos se desenrolem junto aos jogadores.

Podemos citar como base os seguintes pontos:

a) **Objetivos** – Todo jogo tem um objetivo para os jogadores, por exemplo no caso do Monopólio ficar rico, no Counter Strike sobreviver. Normalmente quando um objetivo é cumprido temos a vitória, ou a abertura de uma condição que permita um avanço num jogo. Num caso clássico como o Super Mário do Nintendo o jogador tem fases de jogo (pequenos objetivos) que permitem chegar à fase final e à vitória. No caso do jogo de tabuleiro Twilight Impérium 3 são propostos diversos objetivos menores que dão os chamados pontos de vitória que permitem ao jogador alcançar a vitória final.

b) **Procedimentos (Roteiro)** – Este ponto é muito importante e fica claramente definido pelas *regras do jogo*. Dentro das regras temos alguns pontos em comum para os jogadores, que são:

- ✓ **Preparação do ambiente:** No caso do jogo de tabuleiro como arrumar seu tabuleiro e componentes. No caso do jogo eletrônico pode ser um tutorial ou a escolha de algum item (no caso do Counter Strike uma arma);

- ✓ **Instruções:** Em ambas as situações os jogadores são instruídos como agir e interagir com o jogo, o que pode ser feito, o que é proibido e as ações que podem ser tomadas;

- ✓ **Condições de vitória:** O que é necessário para o jogo ser ganho por um dos jogadores. Isto também é chamado objetivo.

c) **Recursos** – Durante uma partida existem recursos para que os jogadores desempenhem seus papéis. No caso do Monopólio, o principal é o dinheiro, que permite a compra de companhias e imóveis que podem gerar mais recursos para o jogador. No caso do Counter Strike a cada partida que o grupo de jogadores vence, os mesmos recebem dinheiro para comprar armas, munição e equipamentos especiais. Observe que nem todo jogo pode gerar recursos, no caso do xadrez, por exemplo, em que temos basicamente um conflito que exaure recursos de outro jogador (perda de suas peças).

d) **O Círculo Mágico ou limites de jogo** – Salen e Zimmerman adaptaram o conceito de "Círculo Mágico" vindo diretamente de Johan Huizinga. De acordo com os autores quando se joga um jogo, entra-se no chamado círculo mágico, ou seja o jogador imerge em uma nova realidade encenada pelas peças do jogo ou por avatares digitais. Esta realidade é regida pelas regras e ao mesmo tempo estabelece limites e cria a "magia do momento". Podemos citar que o conceito de círculo mágico é o mesmo de Túnel de Realidade proposto por Robert A. Wilson. Alguns autores como Roger Caillois e Sherry Turkle cunharam o termo "realidade de segunda ordem", que especifica o momento em que o jogo se desenrola. Os jogadores ficam no círculo mágico, obedecendo a suas regras e limitações, criando assim "a realidade" de uma partida. Estes limites são sempre observados por todos os jogadores.

NOTA *Nos jogos digitais os círculos mágicos podem ser quebrados através dos chamados cheat codes, ou códigos de trapaça, que podem, por exemplo, dar vida infinita, munição, etc.*

Recursividade de jogos

Todos os jogos independentemente de serem eletrônicos ou de tabuleiro possuem recursos que podem manter o status de jogo durante uma partida. Podemos citar o mais comum como sendo o dinheiro, presente em muitos jogos como os já citados: Monopólio, Puerto Rico, Power Grid, Sim City, Civilization, e tantos outros que permitem compra e venda de itens. A criação de uma economia dentro de um sistema de jogo depende muito mais dos mecanismos envolvidos em uma partida. Este sistema monetário faz com que um jogo possa acontecer.

O sistema monetário é um deles, mas podemos citar outros muito importantes como:

a) **Unidades** – Peças que compõem um jogo real ou virtual. Pode ser uma espaçonave em um jogo espacial, ou uma peça representando uma companhia em um wargame, ou mesmo uma peça de madeira representando um personagem. As unidades são elementos que compõem uma parte do universo de um jogo.

b) **Pontos de Vida** – Um dos fatores mais comuns a videojogos são os pontos de vida de uma unidade. Este elemento indica o grau de resistência de uma unidade de receber danos antes de ser destruída, ou mesmo sofrer alguma penalidade. Em alguns casos é possível recuperar os pontos de vida através de recursos como poções mágicas, kits de recuperação ou um reparo de uma unidade.

c) **Ações** – Ações de jogo são "ações" que uma unidade pode fazer durante uma partida. Por exemplo, no Quake são as movimentações, pulos e tiros que o personagem pode executar, já num jogo de tabuleiro como o Risk (War no

Brasil), a ação é executar um ataque contra uma unidade defensora. Podemos ter várias ações de jogo, desde que não infrinjam as regras.

d) **Objetos** – Este conceito se adequa melhor aos jogos eletrônicos, como por exemplo: munição de uma arma, vidas extras, itens especiais que possam melhorar o jogo ou introduzir facetas diferentes à jogabilidade.

e) **Terreno** – A representação de terreno em jogos é muito interessante no que diz respeito tanto ao ambiente real quanto ao virtual. Por exemplo, nos wargames clássicos, terrenos representados no tabuleiro como pântanos, florestas, montanhas etc. modificam a movimentação de uma unidade tornando-a mais fácil ou difícil. Isto se reflete em ambiente virtual também. Por exemplo, no clássico Master of Orion, quando uma espaçonave entrava numa nuvem estelar, ela se movia de maneira mais lenta.

f) **Tempo** – O conceito de tempo tem que ser bem discutido quando falamos de jogos de tabuleiro e virtuais. O tempo em um jogo real é aquele em que uma partida normalmente se desenvolve, já no jogo de computador o tempo pode ser definido para completar uma tarefa. Estes dois conceitos podem causar uma confusão inicial para o designer, que deve sempre levar em conta este fator.

g) **Recompensas** – A recompensa é tudo aquilo que o jogador recebe mediante um conjunto de jogadas. Pode ser dinheiro, vidas extras, munição etc. O importante é que a recompensa sempre ocorre quando há uma determinada conclusão de uma jogada.

Elementos de conflito

Os elementos de conflito em um jogo são todos aqueles que têm como objetivo impedir a vitória de um jogador. O conflito sempre vai ocorrer em um jogo mesmo sendo cooperativo, pois é a chave do desafio. Podemos considerar elementos de conflito:

a) **Jogadores** – Em diversos jogos os jogadores são oponentes que tentam alcançar a vitória. Cada um deles utilizará de estratégias para ganhar a partida. Estes são os elementos de conflito básico.

b) **Obstáculos** – Jogos possuem obstáculos para o alcance da vitória como, por exemplo, num videojogo encontrar uma chave que permita abrir uma porta e conseguir um elemento que possa finalizar a partida, ou mesmo os chamados "chefes de fase", que são oponentes que ao serem vencidos permitem acesso a um outro nível de jogo.

c) **Dilema** – Fullerton, Swain e Hoffman citam o chamado dilema, que fará com que os jogadores sejam colocados em posições de decisão extrema em um jogo. Um exemplo seria o momento em que uma jogada poderá ou não definir uma partida. Os dilemas podem ocorrer durante qualquer partida, seja no mundo real ou virtual.

Estruturação

No momento em que um jogo é pensado, é importante estruturar seu esqueleto inicial. Dificilmente um designer faz isto no primeiro momento, mas em uma determinada ocasião isto se torna uma importante ferramenta de apoio ao desenvolvimento. Vamos apresentar um esquema para entendimento.

Figura 3.3

Se observarmos bem a caracterização de um jogo constatamos que lembra um sistema (*"Jogos são Sistemas"* – *Zimmermam*). Este sistema é dinâmico e se comporta de acordo com as variáveis nele definidas. Os jogadores são usuários destes sistemas, que durante a partida podem encarnar as personagens do mesmo. No esquema anterior os pontos principais deste sistema são citados e agora vamos mostrar cada um deles:

a) **História/Roteiro** – A história é um elemento que forma a atmosfera do jogo propriamente dito. Alguns clássicos como o Zelda, ou mesmo o Resident Evil, possuem um background riquíssimo, bem como alguns de tabuleiro como o Space Hulk e o Twilight Imperium 3. Estes jogos têm uma visão mais "americana" de jogo, enquanto clássicos como o Settlers of Catan, Carcassone, Puerto Rico, são mais "secos", refletindo em muito a visão europeia de jogos. A história pode ser um algo mais em um jogo e serve como elemento de integração do mesmo.

b) **Premissas** – As premissas podem ser consideradas elementos de adição à história, ou seja, criam a atmosfera de envolvimento do jogador com o sistema. Por exemplo, no jogo de computador Tomb Raider, Lara Croft é uma exploradora nos moldes do Indiana Jones e precisa passar por uma série de perigos para alcançar o objetivo do jogo. O jogo coloca uma série de elementos dramáticos como cinemáticas, mistérios, elementos que têm como objetivo "prender" o jogador.

c) **Objetivos** – Os objetivo(s) é (são) o(s) elemento(s) que o jogador tem que perseguir para alcançar a vitória. Por exemplo completar determinadas ações (em um wargame, tomar uma posição de um tabuleiro que represente uma fortificação), ou mesmo resolver um quebra-cabeça no jogo que permita alguma outra ação a posteriori.

d) **Cenários/Personagens** – Os cenários e as personagens são elementos de jogo que funcionam como pano de fundo. No caso, por exemplo, dos wargames, muitas batalhas históricas são transformadas em cenários e simuladas no tabuleiro.

e) **Condições de Vitória** – Muitos confudem condições de vitória com premissas, ou mesmo objetivos. Poderíamos afirmar que uma condição de vitória é um conjunto de objetivos que permitem finalizar um jogo (tabuleiro ou videogame). Por exemplo: num videogame matar "o chefe de fase final" do jogo, ou, no caso do Monopólio, ser o mais rico da partida.

f) **Desafios** – Os desafios são elementos que geram a dificuldade para o alcance da vitória.

g) **Linha de tempo** – A linha de tempo pode ser a duração de uma partida na qual o jogador está envolvido ou ainda "o período" que é representado no jogo. Por exemplo, num jogo podemos representar meses de tempo real, em turnos, ou mesmo horas em várias sessões que durem diversos dias. Esta linha é muito subjetiva e deve ser bem estudada pelo designer.

h) **Fim** – Quando a condição de vitória é obtida, temos o fim do jogo, sendo computados todos os itens que levaram à vitória e à determinação do vencedor.

Comparação entre modelo real e virtual

Entramos num ponto extremamente interessante no que diz respeito aos jogos em geral. Depois da explosão dos jogos de computador e videojogos, uma nova indústria similar à de Hollywood surgiu com relação a este tipo de entretenimento. Com gráficos espetaculares, música e sons ambiente, alto nível de jogabilidade e interação, os jogos eletrônicos tinham tudo para desbancar os jogos tradicionais de tabuleiro, transformando-os em peças de museu. Contudo isto não aconteceu, pois o fenômeno de migração ocorreu nos dois "mundos". Esta migração é muito interessante, já que mostra que existem dois grandes públicos para este tipo de entretenimento. O processo de migração já ocorrera inicialmente no caso do Doom Boardgame, que tentou reproduzir as nuances do jogo em um tabuleiro. Como exemplos mais velhos podemos citar os jogos da Games Workshop, como o Bloodbowl em sua versão de tabuleiro e PC.

Alguns jogos de tabuleiro modernos migraram para o ambiente virtual e jogos de computador migraram para o tabuleiro. Dois exemplos clássicos foram os Settlers of Catan, que foi para o Xbox 360 da Microsoft, e o Starcraft da Blizzard, que foi para o tabuleiro pelas mãos da empresa Fantasy Flight.

Figura 3.4 • Bloodbowl tabuleiro
(Imagem extraída do site http://bloodbowl.beckerf.de/html/dwarf.html)

Figura 3.5 • Bloodbowl PC
(Imagem extraída da Wikipédia)

Figura 3.6 • Catan no Xbox 360 da Microsoft
(*Fonte da Imagem Microsoft*)

Figura 3.7 • Starcraf Boardgame
(*Imagem retirada do site Boardgamegeek – http://www.boardgamegeek.com*)

Apesar desta migração existem caracterizações interessantes sobre os dois estilos de jogos: conseguem capturar nichos específicos de jogadores.

Estudos de caso

Iremos agora estudar dois casos para que possamos posicionar o leitor no que diz respeito à ideia da estrutura de um jogo. No caso de um jogo de tabuleiro iremos analisar o jogo Metro da Queen Games e no caso do virtual, o Space Shooter, da empresa Brasileira Coopergames.

Metro

Figura 3.8

Nome: Metro (originalmente chamado Iron Horse)
Autor: Dirk Heen
Editora: Queen Games
Ano de lançamento: 1997
Número de Jogadores: 2-6
Duração: 45 a 50 minutos

Metro é um jogo que se ambienta durante a construção do metrô de Paris, onde os jogadores deverão interligar as estações, marcando pontos com estas ligações.

Pode ser jogado entre 2 a 6 jogadores e utiliza uma mecânica de "tile-placement" (colocação de peças) simples de aprender e intuitiva. O jogo é formado por um tabuleiro mostrando as principais estações da linha 1 do metrô durante a sua inauguração na feira mundial de 1900. Além disso existe um conjunto de 72 peças (tiles) que representam as junções das linhas que os jogadores deverão colocar no tabuleiro durante o jogo, além de 61 peças de madeira representando os trens nas estações e 6 para os jogadores (para marcar pontos de vitória).

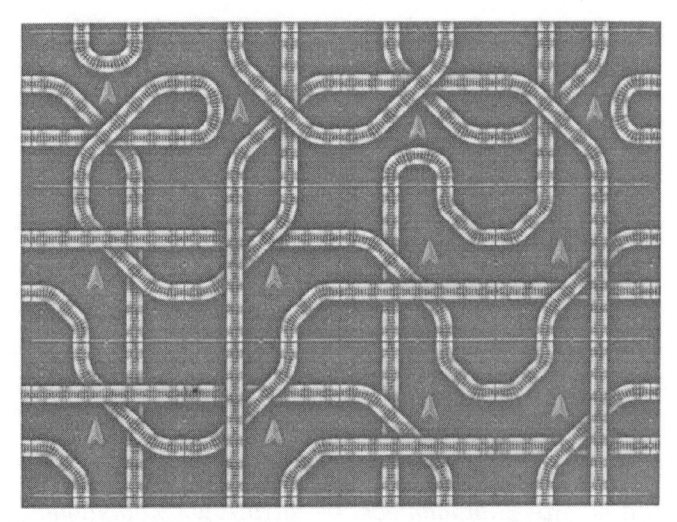

Figura 3.9 • As peças de trilhos do jogo
(foto extraída do site *Boardgamegeek – http://www.boardgamegeek.com)*

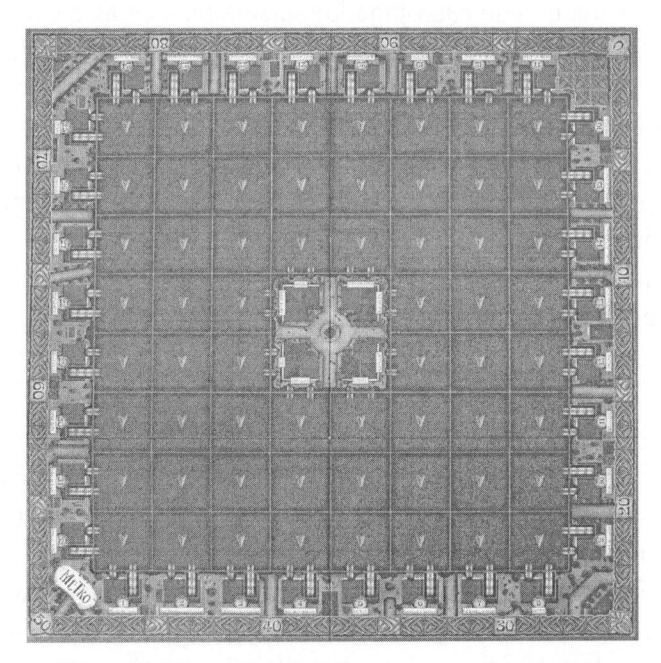

Figura 3.10 • O Tabuleiro com as estações de jogo
(foto extraída do site *Boardgamegeek – http://www.boardgamegeek.com)*

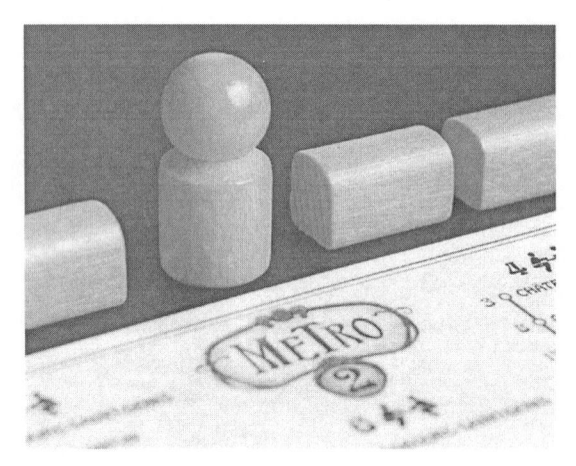

Figura 3.11 • Close-up dos Componentes
(foto extraída do site *Boardgamegeek – http://www.boardgamegeek.com)*

Os jogadores inicialmente escolhem suas cores e colocam seus marcadores nas estações iniciais do jogo. As peças de trilho são embaralhadas e colocadas de maneira oculta a fim de que cada jogador sorteie uma delas e coloque num quadrado à frente de sua estação. Em seguida cada um deles vai colocando as peças formando caminhos, até conseguir interligar uma estação com a outra ou então com as estações subterrâneas no centro do tabuleiro (estas dobram a pontuação). Cada peça que interliga uma estação com outra vale 1 ponto e no final do jogo aquele que fizer mais pontos ganha. Apesar de aparentemente ser um jogo simples, é muito divertido e faz com que os jogadores comecem, a partir de um determinado momento, não mais a interligar e sim a bloquear o caminho de seu oponente, impedindo assim as suas ligações.

O sistema

O jogo é muito simples, tratando-se de um "tile-placemente" clássico, com regras muito simples e que em menos de 10 minutos o jogador experiente estará se divertindo. O jogo ainda é muito bom para crianças e jogadores novatos, tendo um grau de jogabilidade muito alto e que sempre permite novas partidas com resultados muito diferentes das anteriores. Mesmo com jogadores de diferentes graus de habilidade no jogo, se torna bem competitivo e ao fim de duas partidas a curva de aprendizado é muito alta. O autor se preocupou com estes aspectos e conseguiu um resultado muito bom com sua ideia inicial.

Figura 3.12 • Partida de Metro no evento Castelo das Peças
(Coleção particular do autor)

Space Shooter

Figura 3.13 • Tela do Space Shooter
(Imagem cedida pela CooperGames – Direitos Reservados)

Vamos estudar o caso do Space Shooter com relação ao seu desenvolvimento.

Este jogo foi um dos primeiros desenvolvimentos realizados pela CooperGames pouco antes da fundação da empresa. Na verdade, começou mais como um teste de conceito do que um produto em si, portanto algumas etapas foram adiantadas para que o resultado de jogo saísse mais rapidamente.

História/Roteiro

A história começa no ano de 2015 quando ocorreu a colonização de Marte pelos humanos. Surgem então invasores alienígenas que residiam no subsolo do planeta, colocando a vida humana em risco. Você foi escolhido para pilotar a nave mais avançada existente na época, a Stealth Fighter X, e defender a raça humana do iminente ataque alienígena.

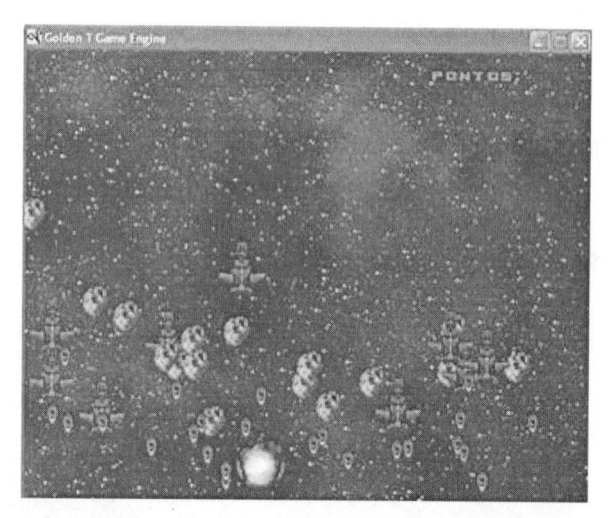

Figura 3.14 • Tela do Space Shooter
(Imagem cedida pela CooperGames – Direitos Reservados)

Premissas

O jogo gera aleatoriamente uma sequência de inimigos e mísseis durante cada fase, tornando o desafio sempre distinto das demais partidas. Pequenas animações são demonstradas durante as partidas de forma a imergir o jogador na história.

Objetivos

O objetivo do jogo é destruir os inimigos ao redor da atmosfera de Marte e enfrentar as naves-mãe, impedindo que mais naves alienígenas coloquem em risco o futuro da raça humana no planeta.

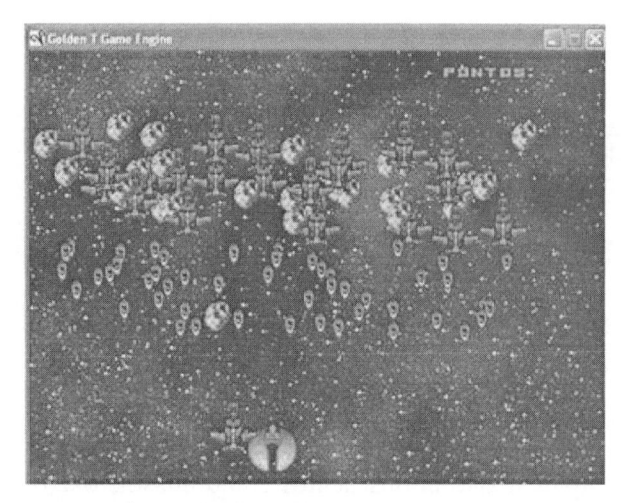

Figura 3.15 • Tela do Space Shooter
(Imagem cedida pela CooperGames – Direitos Reservados)

Cenários/Personagens

Os cenários do jogo são compostos por temas espaciais como buracos negros, planetas, estrelas e túneis onde ocorrem as batalhas.

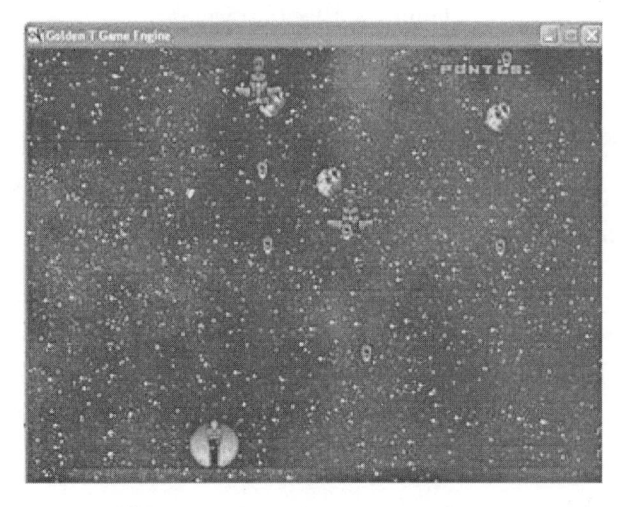

Figura 3.16 • Tela do Space Shooter
*(**Imagem cedida** pela CooperGames – Direitos Reservados)*

Os personagens são:

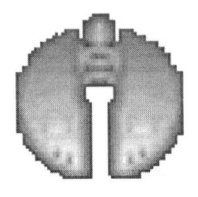  

Stealth Fighter X   **Pain Spaceship**   **Mother Spaceshop(Boss)**

Figura 3.17 • Personagens
(Imagem cedida pela CooperGames – Direitos Reservados)

Além dos personagens, existem obstáculos como mísseis e asteroides:

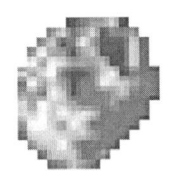 

Death Asteroid   **Missile of pain**

Figura 3.18 • Obstáculos
(Imagem cedida pela CooperGames – Direitos Reservados)

Condições de Vitória

Para conseguir vitória no jogo, é necessário que o jogador destrua ao menos 50 % dos inimigos durante a fase, destrua o subchefe de cada fase e a nave mãe final.

Desafios

Inimigos inteligentes e imprevisíveis; trajetória imprevisível dos asteróides e mísseis.

Linha de tempo

A linha de tempo do SpaceShooter é composta por cada fase do jogo.

Fim

Ao destruir a nave mãe final, o objetivo do jogo é concluído, pois todas as naves inimigas são fabricadas dentro da nave mãe.

Comentários Finais

O SpaceShooter foi o primeiro experimento de jogo da CooperGames que, apesar de bastante simples, trouxe à empresa o conhecimento e experiência necessários para projetar jogos melhores e mais próximos do design. Vários aspectos não previstos inicialmente tornaram-se bastante claros quando da finalização da primeira versão beta do jogo, o que permitiu a implantação de procedimentos de melhoria contínua em todo o processo de concepção dos jogos que foram criados posteriormente.

Sem dúvida, o primeiro jogo desenvolvido traz muitas experiências positivas e, apesar de ainda não poder ser considerado um produto tecnicamente complexo ou visualmente atraente, este protótipo possui todas as características para um bom refinamento e transformação em um jogo de qualidade.

Conclusões

Neste capítulo pudemos analisar dois estilos de jogos diferentes, um real e outro virtual, bem como as suas facetas de jogabilidade. Esta diferença é importante conhecer, já que o designer poderá enxergar as dificuldades de cada um e como deverá proceder no desenvolvimento como um todo. No próximo capítulo começaremos o processo de design propriamente dito.

Exercícios

1. Estruture um jogo de tabuleiro de seu conhecimento conforme o diagrama do capítulo e aponte os principais pontos do mesmo.

2. Estruture um videogame de seu conhecimento conforme o diagrama do capítulo e aponte os principais pontos do mesmo.

3. Faça uma tabela comparando os dois e aponte os pontos em comum.

4. Projeto do Jogo
(Concepção/Desenvolvimento)

> *"Faça o divertido ser realmente divertido."*
>
> **Flint Dille e John Zuur Platten**
> The Ultimate Guide to Video Game Writing and Design

Materializando uma ideia

Ter uma ideia não basta para afirmarmos que um jogo está criado. Entra agora o maior desafio do designer propriamente dito: transformá-la em um modelo real. Sendo o jogo real ou virtual, uma série de desafios começa a surgir com relação a estes aspectos da criação. Uma das experiências mais interessantes que tivemos foi em relação a um workshop sobre design de jogos.

A base do workshop foram os jogos modernos de tabuleiro europeus, onde os participantes tomaram conhecimento das principais mecânicas, dando ênfase ao trabalho de desenvolvimento destes novos tipos de jogos. Foi apresentada uma metodologia de projeto durante o workshop, com uma série de exercícios práticos, levando os participantes a quebrarem a "barreira" de como colocar suas ideias no papel.

As atividades realizadas permitiram que as pessoas assimilassem os conceitos de construção de um jogo e que externassem as dúvidas, bem como começassem a enxergar como o processo de criação é realizado. O principal exercício da construção de um jogo no final do workshop levou os participantes a se dividirem em grupos e, com a utilização de tesoura, canetas, cartolina e cola, construírem seus protótipos. Notamos que as ideias conseguiram tomar a forma e muitas das mesmas levaram seus criadores a continuar e apresentar em eventos de jogos seus protótipos.

O ponto mais importante na nossa opinião no que diz respeito ao workshop foi a "quebra da barreira", ou seja, os participantes puderam colocar no papel suas ideias e a partir daí iniciar o ciclo de desenvolvimento de um jogo. As nossas impressões iniciais eram de que as pessoas envolvidas durante a atividade de nosso treinamento pudessem simplesmente "travar", ou seja, ficarem inibidas no que diz respeito ao desenvolvimento.

Para nossa surpresa as ideias apresentadas passaram até pela área de jogos abstratos, coisa que os próprios organizadores não focaram inicialmente durante o desenvolvimento do material de trabalho. Esta interação foi riquíssima e nos trouxe ideias durante o processo (uma ideia de jogo surgiu durante o evento) e serviu como um excelente balizador de conceitos.

Criando o "Energia Verde"

No capítulo 2 apresentamos o projeto do jogo ecológico de nossa criação, mas muita coisa pode ter ficado nebulosa para o leitor. Por exemplo, como foi que esta ideia surgiu e como ela foi materializada? Por que o tipo de mecânica foi escolhida? Qual é a duração de uma partida? E o público-alvo?

Inicialmente o conceito do Energia Verde nasceu de uma conversa sobre "Windfarms" numa mesa de bar (não estamos incentivando o consumo de álcool para criar jogos!). Algumas pessoas gostam de especular e teorizar sobre o assunto, mas o nascimento de uma ideia pode acontecer de diversas maneiras. Existem técnicas para o desenvolvimento de ideias. Vamos apresentar algumas:

a) **Livros** – A leitura de livros pode ser uma excelente forma de gerar ideias para jogos. Dentro desta perspectiva é possível que um assunto se transforme num jogo muito interessante;

b) **Documentários em vídeo** – Os documentários, assim como os livros, são uma forma mais rápida e direta para geração de ideias para jogos. Algumas boas ideias podem surgir vendo algo de interessante na televisão.

c) **Reuniões de Brainstorm** – As técnicas de "brainstorm" são muito populares em empresas para a solução de problemas. Por que não trazer isto para o ambiente de desenvolvimento de jogos? Uma conversa com diversas pessoas sobre um determinado assunto pode gerar bons resultados.

Um fator importante para que suas ideias não se percam é a organização das mesmas. Um caderno para anotá-las, ou mesmo um computador para organizá-las, pode ser útil e permite criar um repositório que possa ser utilizado mais tarde. Isto é muito interessante, já que ajuda no processo de roteirização de um jogo (falaremos disso mais tarde).

Começo do processo

Com o tema definido começa o processo de "passar a ideia para o papel". Neste momento muitos autores começam a enfrentar as barreiras de traduzir o conceito em sua cabeça para algo real. Neste ponto a estrutura sistêmica ajuda. A "tradução" começa colocando no papel as ideias iniciais, por exemplo: a temática e o que explorar dela, quais os elementos que formarão o jogo em si, qual o número de jogadores e por aí vai.

Vamos, contudo, trabalhar de uma maneira prática: no caso do Energia Verde, que fatores foram utilizados para seu desenvolvimento? Basicamente a ideia era que os jogadores representassem grupos de investimento capazes de comprar empresas, mas se preocupando com o nível ecológico do planeta. Se o jogador comprasse empresas tipicamente poluentes não ganharia a partida, pois o objetivo era obter os chamados pontos verdes, que caracterizariam a vitória.

Um ponto pensado foi em relação ao balanceamento que poderia ser feito para gerar uma economia capaz de mover o sistema do jogo. Para isso consideramos os seguintes fatores:

a) Empresas poluentes geram capital mas geram poluição e contribuem para o desequilíbrio ecológico;

b) Empresas verdes geram pouco capital, ou precisam de investimentos constantes, mas melhoram o equilíbrio ecológico;

c) As empresas poluentes precisam de soluções para diminuir sua poluição;

d) Fatores externos podem influenciar o andamento do dia-a-dia (desastres naturais, políticos etc.).

Analisando os fatores citados decidimos que o jogo deveria possuir os seguintes mecanismos:

a) Um mecanismo de aleatoriedade que simulasse os fatores externos;

b) As empresas deveriam ter características que as definissem como poluidoras e "verdes";

c) As empresas poluidoras necessitam de mecanismos que reduzam seus níveis de emissão de poluição (filtros, unidades de tratamento de esgotos etc.);

d) Como gerar capital no jogo para a compra de novos investimentos?

Estes pontos foram as primeiras perguntas a serem levantadas. Como proceder então?

Aí entra o fator da pesquisa, ou seja, iniciar uma série de levantamentos de documentação para poder criar a visão de uma situação de empresa x ecologia. Quais são os problemas ambientais hoje existentes no mundo e como estão sendo tratados? O trabalho de pesquisa foi feito em diversos sites e fontes, além de termos acesso a diversos estudos sobre o assunto. Neste ponto descobrimos vários fatores interessantes que foram utilizados como elementos de apoio ao jogo e serviram para seu desenvolvimento.

A partir deste levantamento começamos a desenvolver o sistema do jogo, onde começamos a destacar elementos para sua concepção e assim iniciamos o processo de "mecanização".

A "mecanização" de um jogo

Como falamos anteriormente, jogos são sistemas. Todo o sistema é alimentado por parâmetros que irão gerar um resultado. A comparação nos dias atuais por muitos autores é que os jogos são similares a programas de computador (daí sua facilidade de conversão para formatos digitais). Tendo esta visão começamos a trabalhar o nosso jogo como um sistema composto dos seguintes parâmetros:

Geração de capital – Valor que representa a geração de dinheiro por parte de cada empresa. Este valor pode ser positivo ou negativo. No jogo batizamos o dinheiro de megacrédito.

Pontos de Emissão – Valores que indicam o nível de poluição gerado por uma empresa. Estes valores podem ser positivos ou negativos.

Pontos Verdes – Valor que representa o nível ecológico de uma empresa e serve como fator de vitória do jogo. Estes valores podem ser positivos ou negativos.

Modificadores – São fatores gerados durante o jogo por eventos e as chamadas melhorias.

Depois de agruparmos estes valores, começamos a pensar no funcionamento do sistema, ou seja, como ele iria se comportar durante a partida. Então, foi proposta a seguinte sequência de jogo:

Carta de evento – A carta de evento representa os fatores externos ao sistema, ou seja, algo fora do controle dos jogadores. É um fator de aleatoriedade colocada no sistema. Este fator é representado pelo ato de um dos jogadores pegar uma carta da pilha das cartas de evento (previamente embaralhada) e o evento ali presente influenciará todos os jogadores na mesa. Os eventos foram previamente definidos para gerar uma série de diferenças no começo de cada turno de jogo.

Aquisições de empresas – Nesta fase os jogadores poderão comprar empresas. Cada jogador pode comprar uma empresa por turno e estas aquisições geram dois itens importantes no jogo: megacréditos e pontos verdes. Com os megacréditos (dinheiro do jogo) é possível comprar novas empresas (fator de geração de capital) e adquirir ecotecnologias (melhorias funcionando como modificadores), bem como, em caso de eventos especiais, dispender dinheiro (modificadores, multas). As empresas também podem gerar pontos verdes, que são o fator de vitória do jogo. Algumas empresas, contudo, geram pontos verdes negativos: são as chamadas construções poluentes, mas geram mais megacréditos. Isto faz o balanceamento do sistema com relação à economia.

Ecotecnologias – Nesta fase os jogadores podem comprar ecotecnologias. As ecotecnologias são melhorias para as empresas no jogo (modificadores). No jogo estas tecnologias são adquiridas e aplicadas nas empresas do jogador. A aquisição de uma destas tecnologias é feita através do processo de licitação, traduzido por um leilão entre os jogadores. O mecanismo de leilão é utilizado em diversos jogos para compras de elementos, bem como para criar uma disputa entre os jogadores. Tornou-se perfeito para nossas intenções.

Faturamento – Nestas fases as empresas geram megacréditos para os jogadores. Eles devem receber a quantia de maneira correta. Neste momento começam a existir modificadores que poderão diminuir ou aumentar a quantidade de dinheiro do jogador. Neste ponto o jogador receberá mais capital para dar início a novas compras no próximo turno de jogo.

Pontos verdes – Nesta fase os jogadores contam seus pontos verdes e movem seus marcadores indicando quantos pontos cada um possui. O jogador no final do ano que tiver mais pontos ganha o jogo. Cada empresa tem um fator de pontos verdes específicos para seu caso.

Subsídios governamentais – O jogador que tiver mais empresas não poluentes recebe um bônus na forma de um subsídio governamental. Ele recebe uma quantia em megacréditos como um prêmio de incentivo as suas ações. Em caso de empate entre dois ou mais jogadores, o subsídio é repartido entre eles (arredondando para baixo). Empresas mais poluentes pagam uma multa que vai aumentando de acordo com seu nível de poluição.

Esta definição do sistema foi determinada mediante os parâmetros contidos em nosso projeto. Mas fica a pergunta: como foram escolhidas estas fases? Aí entra a nossa experiência com outros jogos. Recomendamos ao designer atentar para este detalhe. É importante ver como os outros autores resolvem certas situações específicas.

Fatores de inicialização

É preciso que o jogo comece de alguma maneira, ou seja, necessitamos de uma estrutura mínima para seu funcionamento no mundo real ou virtual. No nosso caso, o que precisaríamos definir para o "Energia Verde" iniciar? Analisando os fatores do sistema apresentados antes, colocamos a seguinte situação:

a) **Dinheiro** – Qual a quantidade mínima de dinheiro para iniciar o jogo?

b) **Número de jogadores** – Qual é o mínimo/máximo de jogadores?

c) **Modificadores** – Existe algum modificador inicial?

Quando vai ser realizada a primeira partida de teste, os parâmetros são mais ou menos configurados para valores não muito díspares. É necessário no entanto, alguma balização matemática para que os valores não se tornem díspares. Neste caso cada situação é uma situação e vai ficar muito mais na mão do designer do que do grupo. Quando montamos a parte matemática de um jogo, procuramos trabalhar com valores máximos e mínimos de uma curva. Estes valores tendem a ser inteiros, nunca fracionários. Isto ajuda nos primeiros momentos em que o sistema ainda nunca tenha sido testado.

A preocupação inicial era definir o número de jogadores e o tempo. Se o jogo não for designado para 2 jogadores, o ideal é trabalhar com 4 jogadores, pois é um número bom para evitar problemas de desequilíbrio com 3 jogadores. Normalmente com 3 jogadores, dois tendem a competir entre si, abrindo um espaço para um terceiro se desenvolver mais rápido.

A escolha de configuração para 4 jogadores foi feita e em seguida tínhamos o problema de dinheiro inicial. Na primeira partida adotamos um valor de 200 megacréditos para cada jogador e a partir daí foi iniciado o primeiro teste. Algumas outras coisas deviam ser definidas como: número de empresas disponíveis para compra, número de tecnologias e cartas de evento. Com 4 jogadores, foi adotado o número de 4 empresas de cada tipo disponíveis para compra. Foi definido 1 tabuleiro para cada jogador e 1 tabuleiro para marcar os pontos de vitória de uma partida. Feito isso, o setup inicial ficou da seguinte maneira:

Energia Verde – Ficha de Inicialização

Componente	Quantidade
Tabuleiro jogadores	4
Tabuleiro Pontos de Vitória	1
Empresas	36 cartas de instalações 4 fábricas 4 usinas termoelétricas 4 usinas nucleares 4 refinarias 4 usinas eólicas 4 centros de reciclagem 4 áreas de reflorestamentos 4 usinas solares 4 fazendas marinhas
Megacrédito	200 Megacréditos por jogador
Cartas de Evento	8 cartas
Ecotecnologias	24

Um ponto importante é que foram definidas 8 cartas de evento, pois num primeiro teste a ideia era haver 8 turnos de jogo possíveis, representando 2 anos de tempo real divididos em 8 trimestres. Isto surgiu num momento final do fechamento e serviu de balizamento para uma duração.

Primeiros ajustes

Ao ser realizada a primeira, partida diversos fatores foram detectados como eventuais problemas. O primeiro deles foi que o dinheiro na quantidade de 200 megacréditos estava em demasia e na metade da partida já havia uma percepção com relação a isso, pois estava fácil comprar indústrias. Depois de algumas partidas de teste foi reduzido este valor para 100 megacréditos. Durante estes processos de testes diversos problemas foram descobertos, inclusive um dos mais sérios: o jogo terminava sempre antes do oitavo turno. Porém, depois de mais ajustes na matemática, o jogo conseguiu ter um "timing" perfeito. Depois dos ajustes e das mudanças, o jogo ficou com a seguinte inicialização:

Componente	Quantidade
Tabuleiro jogadores	5
Tabuleiro Pontos de Vitória	1
Empresas	36 cartas de instalações 4 fábricas 4 usinas termoelétricas 4 usinas nucleares 4 refinarias 4 usinas eólicas 4 centros de reciclagem 4 áreas de reflorestamentos 4 usinas solares 4 fazendas marinhas
Megacrédito	100 megacréditos por jogador
Cartas de Evento	8 cartas
Ecotecnologias	24

Foram realizados os testes com 5 jogadores e o jogo se revelou estável com estas mudanças. Uma outra tentativa foi deixar o número de empresas menor que a dos jogadores. Por exemplo, numa partida com 5 jogadores, seriam utilizadas 4 fábricas de cada, mas nesse ponto criou-se outro "gap" e o jogo ficou instável. As modificações neste ponto permitiram a abertura para testes públicos com jogadores.

Observações a serem consideradas

O processo de desenvolvimento do jogo passou pelas seguintes fases:

✓ Idealização

✓ Pesquisa

✓ Implementação

Um ponto que foi muito importante no processo de desenvolvimento deste jogo foi a pesquisa. As diversas informações obtidas com a pesquisa nos serviram até para a escolha da mecânica que norteou o desenvolvimento do jogo. Como mostramos no fluxograma no capítulo 2, a fase de escolha da mecânica é muito importante no desenvolvimento, já que o jogo vai ser conhecido primariamente por seu tema e em seguida por sua mecânica. Diversos casos de mecânicas mal-implementadas contribuíram para o fracasso de um sistema. Outro ponto no que diz respeito à implementação é que esbarramos com alguns pontos importantes, já que no início a "coisa está ainda meio nebulosa".

Por mais que façamos estimativas de diversos valores ou fatores de jogo, pode ocorrer num playtest o surgimento de uma nova variável não pensada, colocando o famoso "lockdown" (travamento) no jogo. Decisões absurdas em alguns casos devem ser consideradas, coisa que já ocorreu no desenvolvimento de nosso jogo Cosmic Mogul, onde um jogador se viu sem dinheiro e nada mais pôde fazer durante o resto da partida.

O jogador com decisões absurdas ainda é um fator a ser pensado na concepção, mas o jogo não pode ser totalmente desenvolvido para ele, significando colocar o sistema numa situação totalmente fora de padrão. Por isso estas considerações devem ser levadas à frente.

Lidando com as falhas

No nosso exemplo de desenvolvimento passamos por diversas falhas na jogabilidade. Neste momento temos que tratar as falhas e os erros de projeto. Este tipo de problema é detectado nos playtests (ver capítulo 6) e deverá ser tratado da seguinte maneira:

a) **Procure levantar os fatores de desequilíbrio** – O que está em excesso ou o que está faltando dento do sistema? Analise modificando durante o desenrolar de uma partida de testes para ver como o sistema de jogo responde.

b) **Problemas na Mecânica** – Se a mecânica não estiver permitindo o funcionamento de um sistema é necessário alterá-la; é raro isto acontecer mas pode existir um momento em que este fato ocorra.

c) **Estude os resultados** – Um outro ponto importante é o estudo dos resultados de uma partida. Se um jogo possui resultados díspares, como por exemplo pontuação muito diferenciada ou sucessivos empates, algo está errado. É necessário tomar este cuidado para evitar uma "quebra" de regras.

d) **Estressando o sistema** – Uma outra técnica é o chamado teste de stress. Este teste consiste em fazer jogadas consideradas absurdas para verificar se o sistema responde bem a este tipo de problema (lembre-se do jogador sem dinheiro no nosso exemplo anterior). Se o sistema proporcionar uma saída, temos algo bem estável em "funcionamento".

Rejogabilidade

Um ponto muito importante a ser considerado é a rejogabilidade, ou seja, como o jogo se comporta com um número diferentes de jogadores e se o mesmo tem uma sequência de jogadas que ao ser descoberta permite sempre a vitória ou o empate. Se o jogo mostrar que existe uma sequência para a vitória, o mesmo poderá estar fadado ao fracasso e se tornar um título totalmente fora de mercado.

Um outro ponto importante é o número de jogadores em um sistema. Em jogos de computador isto normalmente não é um grande problema, pois durante a fase de desenvolvimento já é definido se o jogo é para um jogador somente ou multiplayer. Neste caso as variáveis de jogo se adequam de maneira fácil. No caso do tabuleiro a coisa complica mais, já que com um número diferente de jogadores as configurações podem mudar.

Por exemplo, num jogo com 3 jogadores o número de possibilidades e recursos diminui, para justamente manter a competitividade e obter os resultados desejados. Devemos considerar o seguinte:

a) **Tempo de partida versus o número de jogadores** – Com o número diferenciado de jogadores os tempos de partida mudam. A tendência é que com mais jogadores, maior o tempo de jogo, pois o tempo de decisão passa a ser maior. Em muitos casos é necessário adequar parâmetros em uma partida para o jogo se tornar jogável com menos jogadores.

b) **Recursos versos número de jogadores** – É muito comum haver inicializações diferentes de acordo com o número de jogadores. No caso do Energia Verde foi adotada a estratégia de mudar o número de empresas disponíveis para compra de acordo com o número de jogadores.

c) **Límite mínimo e máximo de jogadores** – Os limites de jogadores causam muitas modificações nos jogos. Por exemplo, um jogo como o Colonizadores de Catan fica bem mais "travado" com 4 jogadores do que com 3. Existem jogos em que 2 jogadores tornam o jogo muito confuso e em alguns casos pouco competitivo, por isso estes detalhes devem ser estudados ao máximo.

Desenvolvendo no mundo digital – O Pipa 3D

Vamos agora mostrar como é o processo de desenvolvimento num ambiente digital. Pegamos como exemplo o Pipa 3D, desenvolvido por Júlio César Pescuite, da CooperGames.

A CooperGames (Cooperativa de Desenvolvimento de Games) é uma ideia nascida através de uma discussão nos fóruns da Unidev/PDJ quando o usuário DarkRages postou uma sugestão sobre a fundação de uma cooperativa que objetivasse o desenvolvimento de games nacionais através da união das pessoas interessadas em desenvolvimento, criação e design de jogos eletrônicos. Atualmente se encontra no processo de registro como cooperativa, mas já vem atuando em diversos projetos.

O objetivo principal é unir os amantes do desenvolvimento de jogos de uma maneira geral e atuar de forma transparente, ética e de proporcionar a experiência necessária aos profissionais para inserção no competitivo e escasso mercado de desenvolvimento de games de forma a prepará-los e também visando à criação de games de qualidade voltados à cultura e à comercialização nacional.

O desenvolvimento do Pipa 3D

Figura 4.1

Na CooperGames os jogos são criados de forma colaborativa por todos os membros da equipe selecionados para trabalhar no projeto. A partir da formação da equipe, esta se reúne para desenvolver o projeto em etapas bem definidas, a saber:

Brainstorming em equipe

Inicialmente começamos com uma reunião (presencial ou virtual) onde os membros da equipe coordenados por um game designer começam a expor os temas para o próximo jogo. Iniciamos uma discussão mais generalizada sobre qual o tipo de jogo que se pretende criar, tendo por base um estudo prévio de tendência de mercado de jogos, análise dos produtos concorrentes, se existirem, opiniões e sugestões que recebemos de jogadores e a própria visão da equipe. A partir da reunião destes dados é definido o estilo do jogo que será criado como, por exemplo, jogos de simulação, estratégia, corrida ou aventura.Definido o tipo de jogo, fazemos um brainstorming de ideias relacionadas ao tema definido, tentando elencar as características principais do jogo.

Resultado desta fase para o projeto: A equipe citou um MMO, um jogo de luta e um jogo de pipas.

Estabelecimento do tema central

Feito o brainstorming, a equipe passa a organizar e analisar cada ideia levantada de forma a chegar em um consenso sobre qual é a alternativa mais viável para transformá-la em jogo e posteriormente em produto. Esta etapa é a mais maçante e demorada do processo e não raro descartam-se quase todas as ideias, tendo a equipe que recorrer novamente ao brainstorming ou basear-se em pesquisas de mercado e opinião em segmentos mais específicos para o direcionamento de novas ideias. Utilizamos o processo de votação para o julgamento democrático das ideias apresentadas.

Resultado desta fase para o projeto: por votação e estudo de mercado (produto inédito), decidiu-se pelo jogo de pipas. Por ser em 3D, o jogo será denominado Pipa3D.

Desenho ou diagrama dos pontos-chave

A partir disto, a equipe vai conversando entre si e delineando o jogo por meio de ideias que são expostas em um quadro. É basicamente mais um processo de puro brainstorming onde existe muita iteração entre os membros da equipe, com cada um contribuindo com um elemento relacionado à ideia central. É neste momento que se procuram delinear as principais características do jogo e o que o mesmo irá fazer para que o jogador tenha a sensação de imersão e entretenimento. Nesta fase também são realizados um estudo e uma comparação com produtos existentes no mercado ou então a junção de características desejáveis em um conjunto de jogos que já existem, visando criar um produto inovador e distinto do que já se encontra no mercado.

Resultado desta fase para o projeto: O jogo deverá permitir que os participantes soltem pipa, façam manobras com a pipa e cortem a linha (por meio de cerol) de outros competidores (modo rélo).

Estabelecimento do tema central

Realizados o brainstorming e o julgamento das ideias se necessário, é hora de se concentrar no "mainstream" ou foco central do jogo. Neste momento ocorre a reunião e o refinamento dos pontos-chave elencados pela equipe para um único contexto onde os elementos do jogo serão criados. Se necessário, novas ideias e conceitos são criados outra vez pelo processo de brainstorming ou dedução lógica para completar a estrutura do jogo, relacionando os pontos novos com os existentes de forma coerente, podendo voltar ao passo 3 para melhoramento e inclusão de novos elementos à ideia central.

Resultado desta fase para o projeto: O tema central do jogo é empinar e cortar pipas.

Mecânica e objetivos

De posse do tema e dos pontos-chave do jogo, é a hora de decidir sobre como será o comportamento do game, qual o objetivo, a situação e o ambiente em que o jogador estará imerso dentro do jogo. Neste momento são utilizados muitos diagramas para representar os principais pontos pelos quais o jogo deve passar. Lembrando que um jogo nada mais é do que uma grande máquina de estados, definimos os principais estados em que o game pode/deve passar para que a história e a jogabilidade sejam coerentes com os pontos-chave definidos nos passos anteriores. Este é o processo mais delicado, pois pode tornar um jogo muito difícil ou fácil, legal ou chato, muito simples ou complicado demais. Deve-se prestar atenção também para não desviar do foco do jogo e para não criar vários tipos de jogos em um só, fazendo com que o produto perca a identidade definida em fases anteriores.

Resultado desta fase para o projeto (Mecânica de jogo): o jogador empina sua pipa com o mouse, fazendo movimentos com o mesmo para cortar e aparar as pipas dos competidores. O objetivo é cortar o maior número possível de pipas e ganhar dinheiro com a venda das pipas cortadas, reinvestindo em linhas mais fortes, ceróis melhores, pipas mais robustas etc.

Ambientes

Sabendo-se como o jogo deverá comportar-se e qual o objetivo inicial a ser estabelecido, faz-se uma descrição levemente detalhada dos ambientes em que o jogo será realizado, quais os detalhes relevantes, quais objetos alterarão o estado do jogo e quais os ambientes-chave que o game deve exibir para que provoque uma ambientação no jogador. Deve-se tomar cuidado para manter a coerência com a estrutura do game e sempre procurar criar ambientes que sejam compatíveis com o jogo. Por exemplo, não seria muito viável colocar o Sonic em ambientes de briga de rua do tipo Streets of Rage, pois assim estaria perdida a identidade (infantil) do personagem principal.

Resultado desta fase para o projeto: Por se tratar de um brinquedo fabricado e usado na sua quase totalidade em comunidades pobres, decidiu-se ambientá-lo em bairros de periferia, favelas e morros. A música deve ser no estilo hip-hop. Os cenários devem retratar casas de favela e bairros pobres, campos de futebol etc.

Modos de Jogo

Tendo o ambiente e objetivos definidos, nesta fase devem-se estabelecer quais modos de jogo fazem maior coerência com o ambiente, mecânica e objetivos do mesmo. Os modos de jogo também devem proporcionar ao jogador iniciante um modo de aprender como o jogo deve ser jogado, como nos famosos "How To Play" comumente usados em jogos de luta como o SNK.

Como resultado desta fase para o projeto, existirão três modos de jogo distintos: freestyle (soltar a pipa sozinho para aprender), modo rélo (cortar pipas) versus CPU, modo manobras e modo rélo em rede via Internet.

Identidade visual

Todo bom produto possui uma identidade visual (características de apresentação) dos elementos da tela como menus, imagens de fundo, cores, cursor do mouse etc., que devem ser condizentes com os ambientes propostos para o produto. Uma identidade visual bem definida causa distinção entre o jogo e os demais, além de dar personalidade ao jogo e deixar o jogador à vontade com os comandos de configuração, save/load e demais funções.

Resultado desta fase para o projeto: O jogo deverá conter elementos que lembrem os desenhos com sprays de tinta, cores dos cenários típicos de periferia (madeira, concreto etc.)

Draft conceitual

Nesta fase são elaborados rascunhos dos vários elementos definidos nas fases anteriores como personagens, power up's, cenários, objetos do jogo, componentes de ambiente (plantas, objetos, veículos etc.), menus, telas de configuração, apresentação, splash screen e storyboards. A arte deve ser trabalhada até que consiga expor de maneira clara toda a personalidade dos elementos que compõem o jogo, em coerência com a identidade visual.

Game Design!

Esta é a parte mais chata e demorada do processo, porém de suma importância para a qualidade e o envolvimento do produto com todo o trabalho realizado nas atividades posteriores. Cada etapa irá gerar assets (recursos) próprios para a especificação completa e detalhada do jogo. Cada fase, inimigo, personagem e outros elementos serão definidos detalhadamente dentro deste documento, que no modelo da CooperGames é separado por áreas específicas (Arte, Programação, Testes, Qualidade etc.) que servirá para estabelecer o trabalho para cada área desenvolver o produto condizente com a definição e os objetivos estabelecidos. Este processo pode levar normalmente de um mês a um ano, dependendo do nível de detalhamento e do tipo de jogo.

Arquitetura de Componentes Preliminar

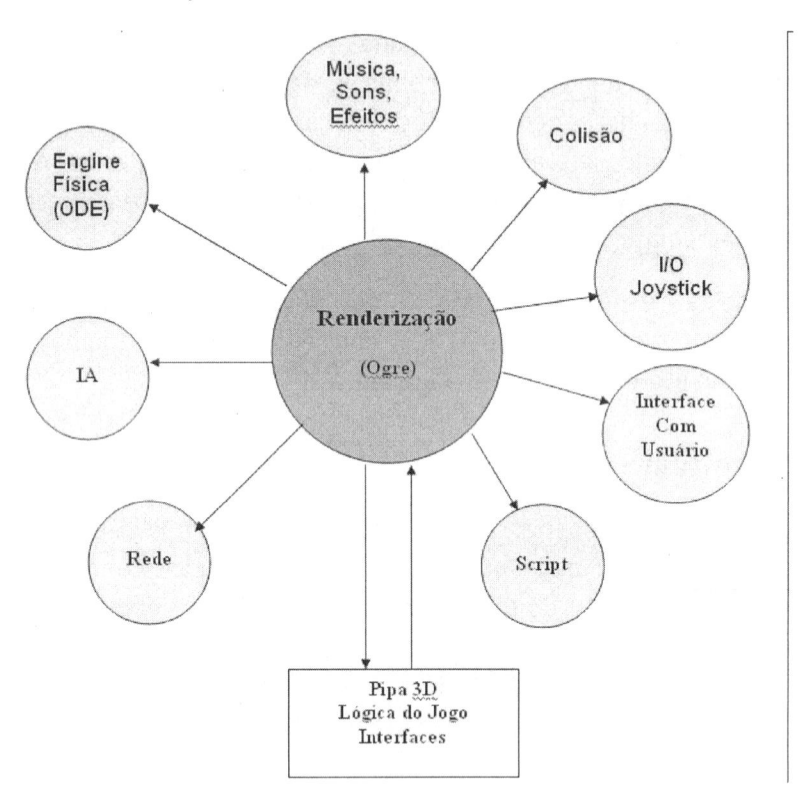

Figura 4.2

O projeto

Conforme se pode notar, cada etapa é responsável por definir uma característica do jogo que está sendo criado e por gerar a informação que será usada como ponto de partida para a etapa posterior. É normal efetuar revisões e modificações em etapas anteriores quando se está trabalhando em uma etapa que está adiante, servindo estas modificações como fator determinante da coerência do jogo.

Sendo o Game Design a etapa final da definição do jogo, posteriormente parte-se para a construção do mesmo. Este documento servirá como ponto de partida para as áreas de engenharia de software, artes, música e efeitos e qualidade executarem suas tarefas para criar o jogo. No anexo 1 está o projeto para a apreciação de todos.

Conclusões

Neste capítulo vimos como é o processo de design de dois ambientes distintos e quais são as facetas enfrentadas no projeto. No próximo capítulo tornaremos o projeto palpável, falando de prototipação.

Exercícios

1. Conte uma história

   Existe uma técnica que é a chamada de "contar uma história". Faça este exercício todos os dias à noite antes de dormir pois é ótimo para gerar ideias para diversas coisas (ajuda a dormir também...). Tente contar uma história para você sobre determinado assunto, ou se coloque nesta história. Não importa se você vai ser um empresário, explorador espacial, aventureiro, qualquer coisa, mas tente criar um enredo para a trama. Normalmente nas primeiras tentativas a coisa pode ficar um pouco embolada, mas aos poucos pode surgir algo de interessante para um jogo.

2. Pegue um jogo de sua escolha e analise o seguinte:

   - Componentes

   - Mecânica

   - Tempo de Duração

   - Rejogabilidade

   Se possível aponte problemas que na sua opinião tornam o jogo ruim (caso existam) e vantagens que o tornam agradável.

3. Tente modificar um jogo existente, podendo apenas focar em regras ou componentes. Apresente às pessoas e jogue com elas. Colha as opiniões no final.

5. Projeto do Jogo (Prototipagem)

Uma ferramenta para cada ocasião

Chegamos num capítulo onde o designer poderá escolher uma série de ferramentas para desenvolver seus protótipos. Tanto o jogo real como o virtual poderão contar com programas e técnicas para a prototipação de seu componentes. Nos dias de hoje uma ferramenta poderosa para desenvolvimento é o computador, com seus recursos e programas desenvolvidos para diversos ambientes. Neste capítulo iremos mostrar tanto ferramentas proprietárias como livres para que o designer possa trabalhar suas criações e melhorar os seus projetos, bem como mostrar técnicas tradicionais. Lembramos que o designer não precisa necessariamente dominá-las, mas sua equipe poderá ser instruída para o devido aprendizado e assim montar uma estrutura de produção. Vamos mostrar cada uma delas.

Ferramentas gráficas

As ferramentas gráficas hoje, sem sombra de dúvida, são pacotes essenciais ao designer. Mesmo os artistas estão utilizando cada vez mais o computador para realçar e complementar seus trabalhos. Existem pacotes proprietários e livres de alta qualidade, que permitem resultados profissionais e que podem ser a base do processo de produção. As ferramentas gráficas hoje capazes de tratar fotos, gerar efeitos especiais e trabalhar os arquivos com separação de cores para geração de fotolitos de alta definição. Vamos mostrar cada um dos pacotes com suas vantagens e desvantagens:

a) **Adobe Photoshop** (http://www.adobe.com/br/products/photoshop/photoshop/) – O Photoshop é um pacote gráfico que reúne uma série de recursos, sendo uma ferramenta essencial para diversos trabalhos na área de tratamento de imagem. Disponível tanto para ambiente Windows e Mac, o Adobe conta com uma série de filtros e plugins que o expandem para diversas atividades. É um software proprietário com um preço elevado, mas possui um amplo suporte técnico.

b) **Gimp** (http://www.gimp.org/) – O Gimp é um programa livre de manipulação de imagens "concorrente" que possui recursos muito poderosos e que serve para trabalho de imagens. É uma ótima ferramenta para todos aqueles que não desejam investir no início de um projeto. Por ser um software livre pode ser baixado gratuitamente do site, mas seu suporte é dado pela comunidade e por fóruns.

c) **Adobe Ilustrator** (http://www.adobe.com/br/products/illustrator/) – O Ilustrator é um pacote de manipulação gráfica proprietário baseado em vetores, ideal para criação de peças e tabuleiros. Muitas empresas trabalham com o Ilustrator para projetos de produção de jogos. Disponível tanto para ambiente Windows e Mac. Como o Photoshop, é um software proprietário com um preço elevado, mas possui um amplo suporte técnico.

d) **Corel Draw** (http://www.corel.com.br) – O veterano Corel Draw é um dos mais populares pacotes gráficos proprietários baseados em vetor. Utilizado amplamente por diversas empresas, é um pacote que congrega uma suíte com outros programas como manipuladores de imagem (Corel Photo Paint), de vetorização de imagens (Corel Power Trace) e outras ferramentas. É um pacote consagrado com um custo benefício bem aceitável.

e) **Xará Extreme** (http://www.xaraxtreme.org/) – O Xará é um programa livre de manipulação gráfica de vetores, que possui uma versão proprietária e conta com amplos recursos. A versão livre possui todos os recursos da versão proprietária, mas só roda em ambiente Linux. O software é muito poderoso e é uma ferramenta excepcional.

f) **Inkscape** (http://www.inkscape.org/) – O Inkscape é um programa livre para manipulação de vetores similar ao Corel Draw e ao Ilustrator. Possui uma série de recursos similares a estes pacotes famosos e roda em ambiente Windows.

Ferramentas 3D

Sem sombra de dúvida as ferramentas 3D hoje são um dos requisistos básicos no que diz respeito aos jogos eletrônicos. Existem diversos programas proprietários e livres que são capazes de realizar grandes resultados em jogos. Vamos apresentar cada um deles.

a) **Autodesk Maya** (http://usa.autodesk.com/adsk/servlet/index?id=7635018& siteID=123112) – O Maya é um dos mais populares e poderosos pacotes de modelagem, animação e rendering 3D que existem no mercado. Ganhou diversos prêmios e é utilizado por vários estúdios de Hollywood. É um pacote caro e rico em diversos recursos, com um nível de plugins e ferramentas de apoio enorme. Roda em ambiente Windows, mas é uma opção fora da realidade para muitas empresas. No *site* da Autodesk há uma versão "caseira" com download gratuito com diversas funções.

b) **Autodesk 3D Studio** (http://usa.autodesk.com/adsk/servlet/index?siteID= 123112&id=5659302) – Um dos mais antigos e utilizados softwares de modelagem, animação e rendering do mercado. O 3D Studio foi um dos pacotes primordiais nos primeiros dias da animação fora dos grandes estúdios. Rodando em ambiente Windows, com um preço bem acessível, continua hoje sendo ainda muito utilizado. No *site* da Autodesk existe uma versão "trial " para download.

c) **Rhino 3D** (http://www.rhino3d.com/) – O Rhinoceros 3D ou Rhino 3D é uma ferramenta "recente" de modelagem 3D que, com seus programas de apoio como o Flamingo, permite a modelagem e um rendering de altíssimo nível. Ganhador de diversos prêmios é uma ferramenta de modelagem que conquistou diversos designers. Roda em ambiente Windows e possui um preço bem acessível.

d) **Poser 3D** (http://www.poserworld.com/Home.aspx) – O Poser é o software utilizado para a modelagem de figuras humanas mais popular da atualidade. Diversos jogos utilizam o Poser para suas bases de personagens. É um software caro que roda em ambiente Windows e que serve como base para muitos designers.

e) **Blender** (http://www.blender.org) – O Blender é um software à parte, primeiro por ser livre e disponível para plataforma Linux e Windows. É um dos programas mais poderosos da atualidade que conta com recursos de modelagem rendering, animação e ainda com uma engine de desenvolvimento de jogos 3D (a chamada Game Blender – http://gameblender.org/portal.php) baseada em C++. É uma ferramenta bastante utilizada por muitos designers com poucos recursos.

Game engines

Entramos num ponto muito complicado agora, pois nos dias atuais há uma série de engines disponíveis no mercado. Muitos designers de jogos eletrônicos começam suas carreiras modificando os jogos existentes (os chamados mods softwares) inserindo recursos, fases etc. no que existia anteriormente. Neste momento preferimos deixar a escolha em aberto para o desenvolvedor e disponibilizamos o endereço http://en.wikipedia.org/wiki/List_of_game_engines para que o mesmo possa escolher por onde vai começar o seu trabalho.

São muitas engines e muitos recursos que permitem a criação de jogos, fica aqui a nossa dica.

Engines 2D:
HGE (http://hge.relishgames.com/),

Torque Game Builder (http://www.garagegames.com/products/96/)

Engines 3D:
Ogre3D (http://www.ogre3d.org/),

Irrlitch, Genesis3D (http://www.genesis3d.com/)

Crystal Space 3D (http://www.crystalspace3d.org)

Para escolher uma boa engine leve em consideração os seguintes fatores:

- ✓ Facilidade de uso
- ✓ Referências
- ✓ Ferramentas (editor de mapas, modelos, efeitos etc.)
- ✓ Atualizações constantes

Linguagens de programação

Normalmente um designer de jogos eletrônicos conta com uma equipe de programadores. Nos dias atuais existem infinidades de linguagens e com uma série de bibliotecas de funções (as chamadas libs, ou APIs de programação). Vamos apontar algumas ainda comuns neste ambiente:

a) **C++** – Muitos jogos foram desenvolvidos em C++ (DOOM, QUAKE etc.) e esta linguagem continua sendo a base de muitos. É uma linguagem complexa, orientada a objetos e que requer uma dedicação muito grande do programador. Como existe C++ para diversos sistemas operacionais, deixamos esta decisão para o programador.

b) **Java** (http://java.sun.com) – Não é preciso falar muito do Java, basta dizer que é uma linguagem mais do que conhecida nos dias atuais. Diversos jogos clássicos foram reescritos em Java e isso só já nos é suficiente. É uma linguagem poderosa, de média complexidade, orientada a objetos e com um suporte enorme no mercado. Muitos, contudo, a acham lenta e não muito prática em certos casos.

c) **Flash** (http://www.adobe.com/products/flash/) – Com a popularização da web, o Flash da antiga Macromedia (comprada pela Adobe), passou a ser um dos softwares mais populares para o desenvolvimento de sites e de jogos. Com a sua linguagem script poderosa, este pacote começou a se tornar popular com diversos jogos escritos nesta linguagem. Hoje muitos designers e empresas se especializaram neste estilo de produto e é um software para ambiente Windows bem popular.

d) **OpenGL** (http://www.opengl.org/) – O OpenGL na realidade não é uma linguagem e sim um conjunto de algumas centenas de funções, que fornecem acesso a praticamente todos os recursos do hardware de vídeo. Hoje é um dos padrões mais fortes do mercado e diversos jogos foram escritos com suporte ao mesmo.

e) **DirectX** (http://www.gamesforwindows.com/en-US/AboutGFW/Pages/DirectX10.aspx) – A Microsoft não ia ficar fora do mercado de games, e o Windows, sendo um sistema operacional quase que padrão, incluiu no sistema o DirectX. Curiosamente, o mesmo foi inicialmente distribuído pelos criadores de jogos junto com seus produtos, não pela Microsoft. O DirectX é uma coleção de APIs que padroniza a comunicação entre software e hardware e interpreta as instruções gráficas. Hoje muitas empresas que desenvolvem para o Windows, têm suporte a DirectX.

Alguns vão perguntar: onde está o Assembly, o C e outras linguagens? Bem, nosso objetivo é apontar algumas tendências de mercado e que estão sendo utilizadas atualmente, por isso deixamos de fora alguns "clássicos". Isto não impede, contudo, que o programador tente estas opções.

Ferramentas de autoria

As ferramentas de autoria de jogos são pacotes que oferecem praticamente tudo para um designer com um conhecimento básico de programação desenvolver alguns jogos. Vamos apresentar algumas delas:

a) **GameStudio** (http://www.3dgamestudio.com/) – O GameStudio é uma ferramenta de autoria para jogos 2D/3D, com uma engine própria, recursos de utilização de modelos 3D, entre outras coisas. É uma ferramenta proprietária, desenvolvida para ambiente Windows, com suporte a Direct X, recursos de física (gravidade etc.) e toda uma gama de funcionalidades para o desenvolvimento. No site existe um trial de 30 dias para download.

b) **Adventure Game Studio** (http://www.adventuregamestudio.co.uk/) – Esta ferramenta inglesa tem como objetivo criar jogos do tipo Adventure, que pode ser utilizado como base para alguns jogos. Ele é gratuito e foi desenvolvido para ambiente Windows.

c) **Mugen** (http://virtualltek.mgbr.net/inicial.php?page=index) – Talvez uma das ferramentas mais populares de desenvolvimento de jogos de luta. Existem diversos recursos para a mesma, mas o Mugen é exclusivamente para desenvolvimento de jogos estilo Street Fighter. Feito para ambiente Windows, é mais uma opção para o iniciante.

d) RPG Maker (http://tkool.jp/products/rpgxp/eng/) – O nome já diz tudo, é um sistema voltado exclusivamente para desenvolvimento de RPGs. Ainda é muito popular e possui uma série de variantes conhecidas no mercado. Feito para ambiente Windows.

Estudo de casos

Energia verde

No capítulo anterior descrevemos seu desenvolvimento, mas não sua "forma". Como o jogo poderia ser apresentado para um playtest? Voltando ao capítulo anterior, vamos apresentar a ficha de inicialização do jogo:

Componente	Quantidade
Tabuleiro jogadores	5
Tabuleiro Pontos de Vitória	1
Empresas	36 cartas de instalações 4 fábricas 4 usinas termoelétricas 4 usinas nucleares 4 refinarias 4 usinas eólicas 4 centros de reciclagem 4 áreas de reflorestamentos 4 usinas solares 4 fazendas marinhas
Megacrédito	100 megacréditos por jogador
Cartas de Evento	8 cartas
Ecotecnologias	24

A primeira parte é criar um componente que contenha os elementos-chave do jogo, por exemplo as empresas. Num primeiro momento o objetivo é apenas mostrar valores para que possam ser manipulados em um sistema, por isso vamos observar o exemplo a seguir:

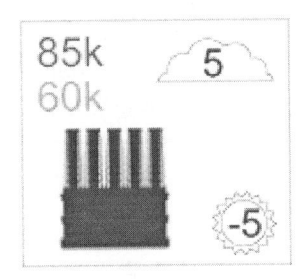

Figura 5.1

Este componente representa uma fábrica poluidora no Energia Verde com os parâmetros citados no desenvolvimento. São eles:

✓ 85k – O preço de compra

✓ 60k – Geração de megacrédito por turno

✓ 5 – Número de emissão de poluição

✓ -5 – Pontos Verdes gerados, neste caso negativos, pois é uma empresa poluidora.

A representação gráfica é meramente visual neste caso do protótipo, pois o que importa são os parâmetros a serem estudados para o desenrolar do jogo. Basicamente um protótipo de testes é apenas utilizado para "visualização" de mecânica, ou seja, para verificar se o sistema está "jogável". Vamos observar, a seguir, os componentes básicos do Energia Verde:

a) Tabuleiro

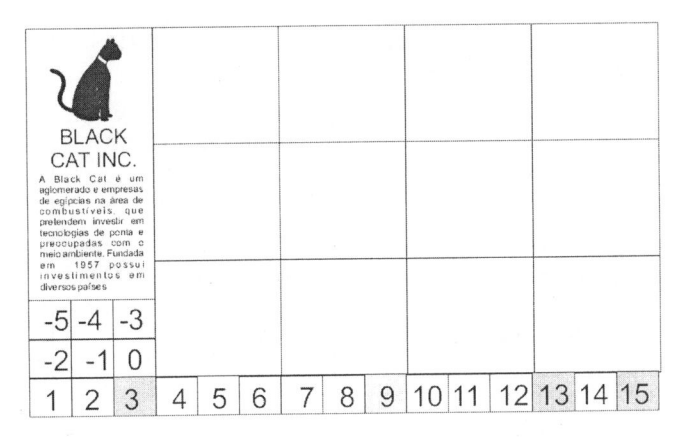

Figura 5.2

O tabuleiro foi desenhado com os requisitos mínimos para executar uma partida de jogo. Durante os testes realizados pequenas mudanças foram feitas, mas a proposição inicial atendeu às necessidades. Foram criados no total 5 tabuleiros diferentes, cada um representando uma das empresas e 1 tabuleiro para contagem de pontos.

b) Peças

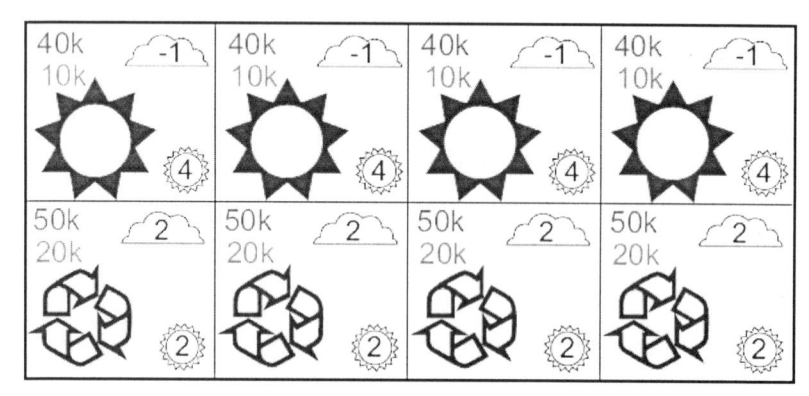

Figura 5.3

As peças foram criadas para conter as principais informações do jogo. Não se prima pela beleza, apenas pela praticidade de jogo. Neste ponto lembramos ao designer que isto é ainda um estágio inicial do desenvolvimento.

c) Cartas

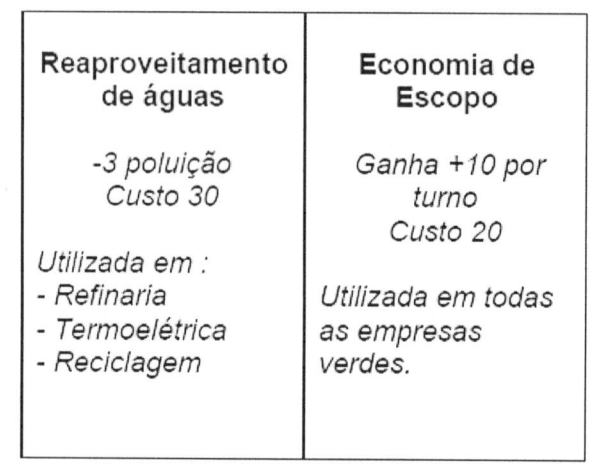

Figura 5.4

As cartas de evento de jogo (figura anterior), bem como as de ecotecnologia, foram desenvolvidas num padrão apenas para o playtest por motivos puramente de simplificação. O objetivo aqui era somente ter um elemento que permitisse jogar uma partida e testar a mecânica.

d) Dinheiro do jogo
Foi utilizado dinheiro de brinquedo comprado em papelaria para representar o dinheiro do jogo.

Principais observações

A primeira coisa que temos que observar em um protótipo de jogo é o aspecto da jogabilidade. No capítulo sobre playtests falamos mais sobre alguns pontos importantes, mas queremos que neste primeiro momento o designer tenha em mente o seguinte:

a) O jogo sofrerá modificações até o seu final. Nunca, um jogo desde sua concepção até o final, passou incólume em algum estágio de seu desenvolvimento. É comum que os editores mudem o nome, modifiquem alguma coisa na regra ou mexam com os componentes. Tenha em mente isso.

b) Os componentes devem primar pela simplicidade e manuseabilidade. Nada de gastar dinheiro de maneira desnecessária, nem inventar um jogo com milhares de componentes. A chance de rejeição é enorme.

c) A linguagem visual neste momento deve passar apenas o necessário para o jogo. A tradução inicial dos componentes para uma linguagem de entendimento é uma das facetas mais complicadas do design. Neste ponto é importante ressaltar que o trabalho gráfico mais pesado deve ser deixado na mão de um artista competente. As empresas cuidam destes detalhes quando o jogo entra no estágio de produção gráfica.

d) Quantidades de componentes. Este ponto é um dos fatores críticos de um jogo, pois depende muito da "tradução" feita pelo designer. Muitos designers inexperientes entram na síndrome do "jogo definitivo", ou seja, pensam num amontoado de peças, unidas com "toneladas" de regras. Este sentimento é meio complicado pois requer uma visão para os novatos que pode ser problemática.

Imagine que um jogo deva ter início, meio e fim com fatores de limitação para seu curso. O primeiro deles é a duração de uma partida, que pode limitar de uma maneira inicial os componentes. Outro ponto são condições de vitória que também podem limitar o número de componentes utilizados.

No caso do Energia Verde, depois de alguns testes, ficou claro que era necessário fazer algumas modificações:

a) A duração de uma partida seria de 8 turnos de jogo;

b) Os jogadores poderiam comprar no máximo 8 empresas, sendo que havia 9 tipos diferentes para 5 jogadores, completando 45 empresas;

c) Seriam 8 eventos possíveis, sendo necessárias 8 cartas de evento;

d) Como teríamos teóricas 8 sessões de leilão, precisaríamos de 40 cartas de ecotecnologias;

e) Precisaríamos de pelos menos 10 marcadores: 2 para cada jogador;

f) Foram criados 6 tabuleiros: 5 dos jogadores e 1 para marcar pontos verdes, que representam os pontos de vitória.

Inicialmente foi testada a mecânica de jogo e implantados os níveis de dificuldade para tornar o jogo mais acirrado. Adotamos o setup inicial proposto e as mudanças dos testes. A configuração final ficou a seguinte:

Componente	Quantidade
Tabuleiro jogadores	5
Tabuleiro Pontos de Vitória	1
Empresas	45 cartas de empresas (divididas em empresas e iniciativas)
Megacrédito	100 megacréditos por jogador
Cartas de Evento	8 cartas
Ecotecnologias	24
10 marcadores coloridos	5 marcadores coloridos para os jogadores 5 marcadores coloridos para nível de poluição dos jogadores
Dinheiro	1000 megacréditos – divididos em 1, 5, 10, 20 e 50.
Marcador Especial	marcador de primeiro jogador

Esta configuração foi a sugerida para os cinco jogadores e devidamente confeccionada para os jogos de teste. O importante é que o protótipo seja jogável e capaz de sofrer as modificações. Neste ponto lembramos ao designer que tenha em mente que seu protótipo é o "rascunho" do produto final.

Começa o desafio

Jogo pronto e testado, variáveis amarradas, falhas descobertas, começa então o maior desafio: como levar o jogo a uma empresa. Se sua intenção é realmente a profissionalização, não adianta levar o seu protótipo, ele já cumpriu as funções de teste e atingiu o público. Neste momento começa a primeira e mais importante decisão: arriscar ou não. O caso de arriscar envolve vários aspectos, mas o mais importante de todos é um só: bom senso.

Todo designer sonha que tem em suas mãos um sucesso de vendas, um jogo capaz de abocanhar vários prêmios, um novo sistema revolucionário. Mas lembre-se do seguinte: o que o "cara do outro lado" pensa disso? O "cara do outro lado" é o seu cliente, o futuro editor de seu jogo. Qual seria a reação dele ao ver o produto chegando para avaliação? Em muitos casos, algumas perguntas vêm logo à cabeça:

a) Quem é você?

b) Que jogo é este?

Inicialmente os designers novos já têm que quebrar a barreira inicial do anonimato, ou seja, se fazerem conhecidos num mercado muito selvagem e que está em constante busca de novidades. Se você tentar concorrer com um autor conhecido, dificilmente conseguirá emplacar seu título. Por mais que você ache seu produto fantástico, todas as empresas têm pessoal especializado para avaliação, capaz de verificar se há espaço para o mesmo.

Mas parece que os aspirantes a "game designers" teimam em persistir em erros que já desclassificam seus produtos antes mesmo de serem submetidos a uma análise. Vamos enumerar alguns deles:

a) **"Meu jogo é fantástico e inovador"** – Muitos jogos "inovadores" são cópias de outros produtos, com pequenas variações. A maior reclamação dos editores é que a maioria dos jogos apresentados são cópias modificadas de produtos consagrados. Cuidado com estas palavras de apresentação para seu produto.

b) **Monster Games** – Certa vez vimos um protótipo de um jogo cujo tabuleiro tinha 80cm x 80cm, fora os componentes e as cartas. Para piorar a situação o jogo era uma cópia modificada de um clássico. Um editor dificilmente arriscará um investimento num autor/jogo desconhecidos com dimensões titânicas de tabuleiro e uma infinidade de componentes. Mesmo os autores consagrados dificilmente fazem jogos "titânicos". O custo de produção para um jogo grande tem que ser amplamente justificado e se você ainda for um ilustre desconhecido, não recomendaria arriscar por este caminho.

c) **Síndrome do "Não posso mudar meu produto"!** – É comum, quando um jogo passa pelo aceite inicial, o editor sugerir uma série de modifcações para um produto visando uma melhor entrada no mercado (isto pode acontecer até com o nome do jogo!). Muitos designers não aceitam estas sugestões e acabam perdendo oportunidade de lançar seu primeiro produto! O editor em muitos casos tem o senso do que o mercado pode aceitar ou não, por isso ouça antes de recusar!

d) **Cuidado com a apresentação** – Cuidado ao apresentar seu produto. Uma descrição simples e direta em muitos casos é melhor do que uma pomposa, mostrando as novidades "inigualáveis" de seu jogo. Cuidado! As pessoas tomam ao pé da letra as suas palavras e isto pode tanto ajudar como prejudicar!!!

Self-Publishing

Nos dias atuais da indústria de jogo está acontecendo um fenômeno que parte se dá por causa da Internet e das ferramentas de editoração gráfica para os computadores: o Self-Publishing. Com os serviços de gráfica rápida e acabamento de alto nível, diversos autores iniciantes estão lançando seus jogos por conta própria. A ideia é fazer pequenas tiragens do jogo (30 a 50 cópias) e apresentar em feiras (isto ocorre nos EUA e na Europa) ou enviar para sites e publicações especializadas sobre o assunto. Podemos enumerar alguns cases de sucesso como o Galaxy Trucker, apresentado em Essen como self-published, e o Fallen Lands, que chegou ao público através de análises de sites especializados. O problema de encarar no Brasil uma publicação neste estilo esbarra no seguinte:

Arte

É necessário investir numa arte de jogo primorosa, já que os jogos europeus baseiam-se num acabamento e beleza ímpares. É claro que em muitos casos é complicado, mas é possível conseguir resultados surpreendentes. Como exemplo, utilizemos o jogo Cosmic Mogul: vamos observar a arte de playtest e a arte final executada por Michael Christopher.

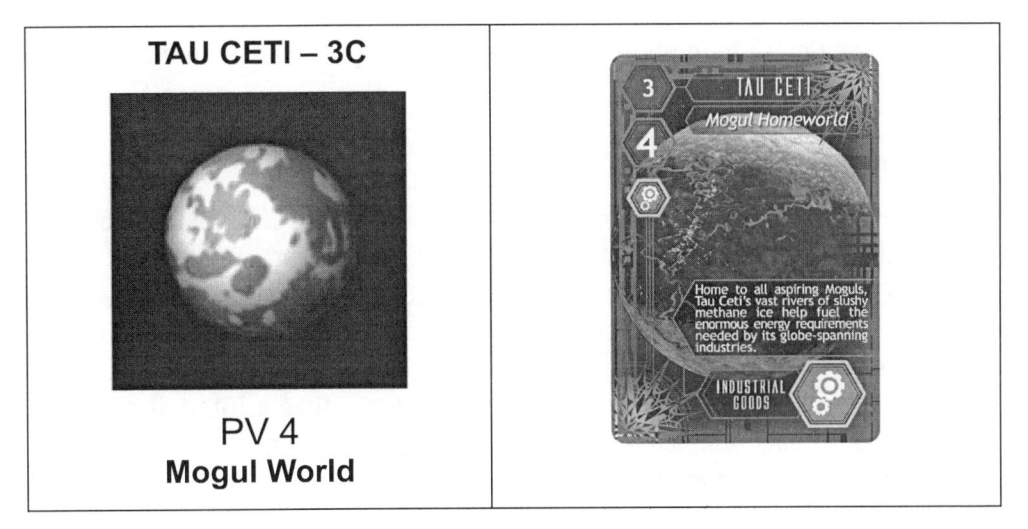

Figura 5.5 • A Versão Playtest e Final da Carta de Jogo

O trabalho realizado foi pensando no mercado de self-publishing, já que deveria existir um diferencial. A vantagem de ser um cardgame é que necessita apenas de cartas e no máximo de pequenos marcadores, coisa que pode ser acondicionada numa caixa simples, mas também de igual beleza. Temos que considerar o trabalho de design e arte, muito importantes no caso deste estilo de publicação.

Design de regras/embalagem

Normalmente o artista também trabalha com design de embalagem e do livreto de regras, oferecendo uma solução completa para o produto. Estes fatores também contribuem para o sucesso de um produto, pois um produto desconhecido precisa chamar a atenção numa estante. Mas cuidado: o custo de uma embalagem muito grande pode inviabilizar um projeto! Por isso procure otimizar o máximo com o design estes fatores, que podem significar mais um qualificador de sucesso.

Impressão

Hoje com os facilitadores das chamadas gráficas rápidas, a possibilidade de pequenas tiragens torna-se uma realidade, mas esbarra-se no fator preço, pois a mesma vai ter um custo mais alto do que uma impressão convencional. Neste momento o autor deve refletir se a sua intenção de entrada no mercado é tentar ganhar alguma coisa logo no início, ou se sacrificar para que seu produto alcance um editor interessado.

Distribuição

Fiz as minhas cópias e agora como as coloco no mercado? No Brasil temos muitas dificuldades, já que a realidade dos jogos aqui ainda é muito atrasada (espero um dia num livro futuro, ou nas futuras edições deste, poder mudar este parágrafo!) A distribuição dificilmente terá um tratamento adequado. Os compradores tradicionais olham desconfiados para um produto novo e desconhecido, por isso ataque o mercado especializado e utilize a Internet como sua aliada. Hoje no país o mercado eletrônico é uma forma de divulgar um trabalho novo e pode alcançar mais facilmente um público especializado.

Olhe para fora

Isto significa olhar o mercado externo. É muito importante que seu jogo já possua pelo menos uma versão em inglês. É interessante também confeccionar uma quantidade em outro idioma e enviar para o exterior para analistas e sites especializados. Em muitos casos funciona e pode começar a incentivar a produção de seu jogo.

Novamente cito os casos do Galaxy Trucker e do Fallen Lands, que começaram assim. O mercado fora do Brasil é bem mais desenvolvido, mas lembre-se de que a concorrência é grande e você terá que sobressair de alguma maneira.

Se realmente existe o desejo de entrar neste mercado, não tem jeito: tem que haver um investimento na produção das cópias para que o mercado saiba que você existe. O caso do self-publishing é, na minha opinião, a melhor maneira de saber se o produto que você desenvolveu tem um fator de sucesso no mercado. Não deixa de ser uma loteria, mas é necessário este risco senão você fica eternamente na dúvida.

Publicação

Submeter um jogo a uma editora de jogos é uma tarefa muito delicada e, no caso do Brasil, no atual momento é muito complicada. Em nosso país não existem editoras/empresas de jogos e sim empresas de brinquedos que possuem uma realidade totalmente atrasada e fora do mercado atual (novamente afirmo: espero um dia num livro futuro, ou nas futuras edições deste, poder mudar este parágrafo!). Por isso o conceito dos Eurogames em nosso país deve ser colocado de lado e atuar num mercado muito mais modesto. Vamos contudo focar uma realidade diferente da nossa, que é o mercado estrangeiro.

Surgem logo dúvidas de como se fazer conhecido no exterior, neste caso acho o caso do self-publishing uma primeira tentativa, mas podemos aproveitar o know-how para tentar furar o "bloqueio" e se fazer conhecido. Esta estratégia pode funcionar (não significa que vai), mas é um diferencial para que você se faça notado. Inicialmente devemos preparar um protótipo como se o mesmo fosse já encaminhado para uma estante de uma loja. Vamos exemplificar o caso do Energia Verde, que está sendo utilizado por nosso livro.

Energia Verde transforma-se em ECOnomia

Depois que os componentes foram definidos no capítulo 4, fruto dos testes e do ajuste fino do jogo, entra a fase de produção artística do mesmo. Inicialmente o trabalho começou com um nova proposta para o tabuleiro de jogo, que deveria ter um aspecto mais bonito e que encantasse o jogador.

O primeiro ponto é que muitas pessoas acharam o nome Energia Verde muito confuso e que poderia não passar a ideia do produto. Um ponto de discussão forte sobre isso é que o jogo não era sobre geração de energia, e sim sobre sistemas econômicos sustentáveis. Esta colocação ficou no ar, sendo que decidiu-se mudar o nome. Depois de um brainstorm entre a equipe, surgiu o nome ECOnomia, que mostrava uma visão mais completa sobre o jogo.

Começava o processo de "tradução" das ideias de um protótipo para um produto final com arte e design profissional. O trabalho de design foi entregue a Alexander "Shamou" Costa e o mesmo iniciou com uma série de ideias para os componentes. O primeiro ponto estudado foi a criação de um logotipo que realmente passasse a "atmosfera" do sistema de jogo como um todo. O resultado final foi um jogo com uma linguagem própria mediante a temática de sustentabilidade.

Assim o jogo chegou ao seu formato final. Tenha em vista como você deseja alcançar o mercado.

Figura 5.6 • Tabuleiro de uma das empresas do ECOnomia

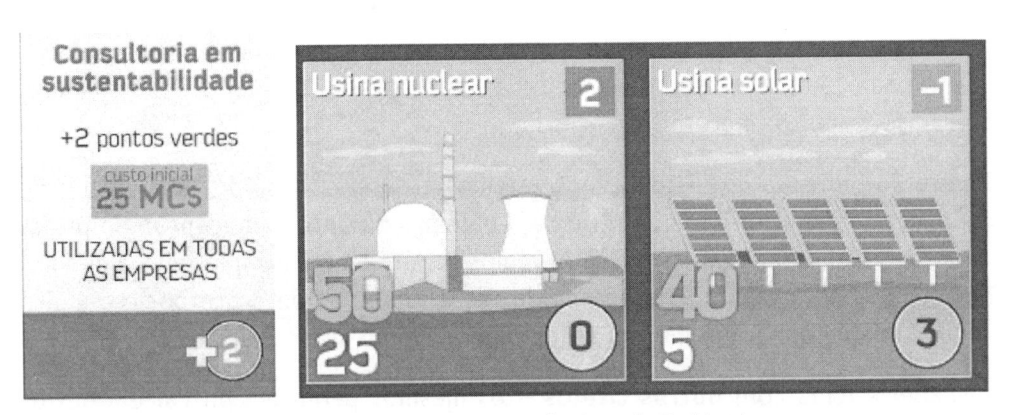

Figura 5.7 • Carta de Tecnologia e de Indústrias

Conclusões

Neste capítulo vimos todo o processo de transformação final do jogo, inclusive a mudança de nome de um projeto. É importante neste caso que o designer tenha sempre esta visão e aproveite os comentários dos demais membros de uma equipe.

6. O Desafio do Playtest

Introdução

O **Playtest** ou **teste de jogo** é sem sombra de dúvida uma das atividades mais importantes que o designer de jogo irá enfrentar. Nesta fase teremos os primeiros feedbacks para saber se temos um sucesso ou um jogo natimorto. Por incrível que pareça este é o princípio de todo um processo de ajustes e até tomadas de decisões muito importantes.

Dentro do processo de teste de jogo teremos a possibilidade de achar falhas de conceito, desequilíbrio e uma série de problemas durante a concepção do projeto e que nos escaparam. Para isso devemos ter um elemento que falta à maioria dos designers de jogos: uma equipe de teste. Uma equipe deste porte é muito complicada de achar em muitos casos, pois envolve alguns fatores como:

a) **Experiências com outros títulos** – Os mesmos permitem buscar em outros sistemas soluções para alguns problemas de seu produto;

b) **Boa capacidade de análise** – Capacidade de ver o jogo como um todo, em seus diversos aspectos;

c) **Pessoas de confiança** – Indivíduos de seu círculo de confiança que não estejam envolvidos com o desenvolvimento e que sejam capazes de lhe dar outras visões do produto.

Alguns erros que devemos evitar antes de começar...

Existem alguns casos de designers que montam seus protótipos de teste de jogo quase iguais aos produtos finais. Certa vez caímos neste erro e nos arrependemos bastante, pois ficamos com um lindo tabuleiro baseado em hexágonos, similar aos do Catan, guardados numa caixa de papelão no fundo do armário (um dia ainda vamos utilizá-los em outro projeto). Acho que quando montamos um protótipo de teste de jogo devemos ter o mínimo necessário para que o mesmo possa ser jogado e entendido.

Figura 6.1 • Os componentes do Jogo Manah num teste de jogo público: simples na confecção, mas guarda todas as características do jogo. A beleza foi posta de lado neste caso.

Foto do Autor

A mesma coisa acontece quando o produto digital é idealizado. Em muitos aspectos é necessário o teste do engine do jogo, antes de aplicar texturas e gráficos 3D superdesenvolvidos. Neste momento o designer está à caça dos bugs de programação e não de problemas de cor. Este erro tem que ser evitado.

Figura 6.2 • Teste de sombra da engine "Drome Engine – 3D Game Engine". Repare que não existe preocupação com cores e demais detalhes. Extraído de http://www.3ddrome. com/engine.php

No lugar de trabalharmos numa arte rebuscada, devemos nos ater aos detalhes importantes do jogo. Um outro ponto é com relação às regras, elemento altamente mutante num teste de jogo. Em muitos casos é importante que junto com elas tenhamos um bloco de anotações e canetas para escrever algo que possa ser útil e interessante durante uma partida. Numa certa ocasião esquecemos de anotar uma sugestão muito válida de um jogador e levamos quase uma semana tentando lembrar a mesma (sorte que o jogador mandou um e-mail novamente com ela.)

Figura 6.3 • Repare que há um caderno para anotações de sugestões, dicas e mudanças de regras durante o teste de jogo. Não esqueça deste acessório muito útil.

Foto do Autor

Selecionando o grupo de testadores

Antes de colocar seu protótipo para os testes de jogo, como escolher seus testadores? Inicialmente o designer pode contar apenas com um elemento: ele mesmo. Durante esta fase ele irá buscar problemas dentro de seu produto, mas é claro que não achará todos. Contudo, esta fase inicial de "limpeza" do sistema serve para achar aos primeiros problemas realmente sérios. A cada vez que isto ocorre, o jogo vai entrando num nível de refinamento mais aceitável, podendo aí passar para o teste público.

Nesta fase é interessante que num primeiro momento os testes sejam feitos com pessoas conhecidas e com experiência. Os chamados testadores de confiança (como citamos anteriormente) são pessoas muito capazes de apontar os "furos do jogo" e ainda fomentar sugestões que melhorem muito a jogabilidade. Mas não pense que isto para por aí, este é apenas o começo da bateria dos testes. Para cada momento do jogo temos um grupo de testadores específicos. Vamos esclarecer isto:

Momento 0

Neste momento o jogo é composto apenas por rascunhos simplificados e apenas o designer testa o mecanismo para verificar se as regras estão fluindo ou não. É o momento da caça dos primeiros bugs e *buracos* do jogo.

Momento 1

Neste momento o jogo possui um design melhor, mas ainda não tem a arte-final. Este momento é o mais complexo e difícil, já que envolve testes mais profundos com um grupo "fora" do projeto. Estes testadores, como citamos anteriormente, serão os grandes "caçadores de problemas". Então teremos uma série de feedbacks importantes que nortearão totalmente o trabalho de desenvolvimento do produto.

Momento 2

O primeiro teste aberto é o mais desafiador de todos. Neste momento o jogo vai encarar um público desconhecido e que nunca ouviu falar de seu produto. Vamos começar dando uma série de dicas para evitar problemas e conseguir ter um bom retorno, que são as seguintes:

a) Seja muito claro e explique às pessoas que o jogo está em desenvolvimento e que durante a partida podem ocorrer problemas;

b) Não jogue com novatos nesta fase de testes, pois poderá confundir as pessoas e causar frustrações. Os novatos são excelentes testadores quando o jogo já está no momento 3;

c) Se você der sorte de ter um grupo de jogadores experientes na mesa/terminal, procure extrair o máximo de impressões dos mesmos (veja mais à frente nossa metodologia). Com certeza serão um excelente repositório de dicas e opiniões (leve seu caderno de notas para escrever!)

d) Ao ensinar as regras seja paciente, pois no momento em que você explicá-las poderá surgir alguma pergunta importante e que pode ser utilizada como parte de um FAQ do jogo.

e) No final da partida pegue o nome e o e-mail de todos, pois em muitos casos agradecer em um livreto de regra é uma das maiores recompensas que um jogador pode ter.

O jogo nesta fase já tem um layout mais esmerado e começará a despertar o interesse do público.

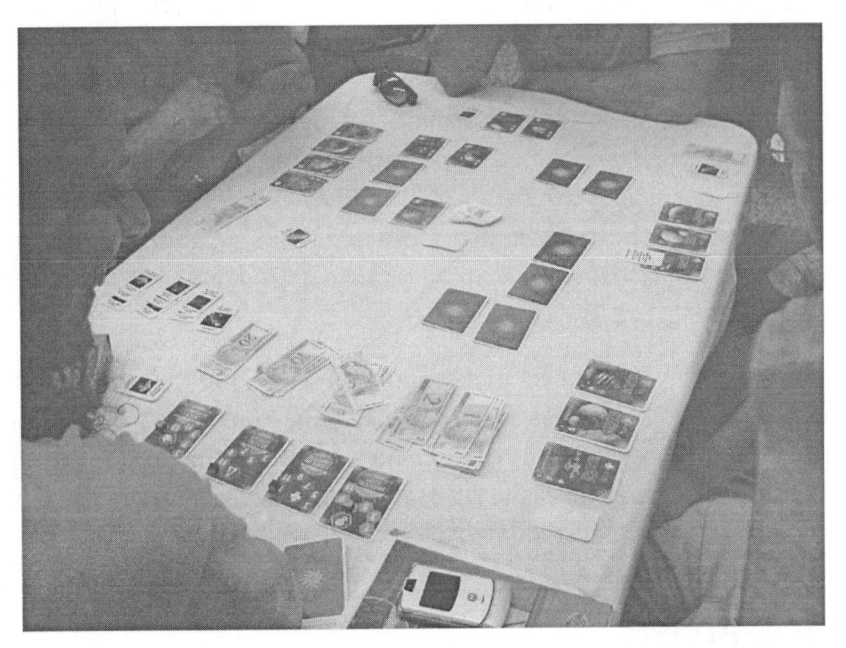

Figura 6.4 • Cosmic Mogul em seu Momento 2 de playtest.
Foto do autor

Com relação aos jogos digitais entra aí a fase do Beta teste, ou seja, disponibilizar o programa ainda com problemas não detectados para jogadores. A Internet neste caso nos ajudará, já que existem pessoas interessadas no mundo inteiro em testar e conhecer novos produtos.

Momento 3
Este momento é o mais esperado de todos, quando o jogo já passou por diversas mudanças e está quase finalizado. Aí é que as últimas arestas serão aparadas e o produto poderá passar para sua fase de produção. O teste neste caso é totalmente aberto e conduzido com público novato em convenções, eventos, escolas etc. Não se espante se ainda aparecer alguma coisinha para ser modificada.

Com uma certeza quase que absoluta, o jogo terá algum problema quando for colocado com o público. Isto é muito normal pois as pessoas são capazes de criar situações que nunca foram pensadas. O sistema de jogo pode ser transformado em um grande problema depois de uma simples partida. Pode ser que isto não aconteça, mas vamos trabalhar com o lado mais pessimista da história. É muito comum após as primeiras sessões de teste de jogo o designer ir para casa frustrado e com uma pilha de anotações de problemas em seu jogo. Sem desespero nessa hora! O melhor a fazer é deixar de lado uns dias sua criação e depois retomar o projeto com as mudanças propostas. Em muitos casos ótimas sugestões aparecerão e permitirão melhorar ideias já existentes.

Depois deste momento veremos que na próxima sessão as coisas serão mais interessantes e menos problemas surgirão (o sistema começará a fluir). Depois de muitos testes, o jogo estará rodando como um relógio (claro que vai aparecer um "engraçadinho" com uma situação que nunca foi pensada, não duvide da capacidade criativa da mente humana!).

Público-alvo

Ao submeter seu jogo a teste, procure sempre o público-alvo que originalmente você pensou para o mesmo. Se você desenvolveu um wargame clássico do tipo "hex-and-counter", jamais teste num grupo de apreciadores de Eurogames e a premissa também é verdadeira ao contrário. Em jogos de computador um público que gosta de simuladores de voo muito dificilmente gostará de jogos estilo Quake. Procure testar seu jogo com o público que gosta do estilo do mesmo. Estas pessoas são seus termômetros e as informações que as mesmas derem para você e valerão muito.

O público-alvo pode ser o mais diversificado possível em termos de idade e classe social, quanto mais complexa esta mistura melhor. Este público deve representar a maior faixa de consumidores possíveis de seu produto e deve "estar imerso" no mercado em busca de novidades. Isto não é difícil, já que nos dias de hoje a Internet é uma excelente ferramenta de ajuda.

Conduzindo um teste de jogo

Chega o momento de realizar um teste de jogo de seu produto e aí começam a aparecer os primeiros problemas para o designer. Muitas pessoas não sabem apresentar o produto, tendo dificuldade de se expressar e até mesmo de explicar para um "estranho" o que ele está querendo mostrar. O maior e mais comum erro é quando o designer começa a ler as regras e a dar uma "visão pessoal e apaixonante" de seu jogo. As pessoas que estão à mesa não vieram ali para ouvir toda a história por trás de seu sistema, os problemas etc. no fundo elas querem é jogar. Uma boa maneira de abrandar os impulsos de um criador de jogo é montar um roteiro simples que vamos apresentar a seguir:

✓ Verifique se todos os componentes estão à mesa. No caso de um jogo de computador, verifique se o sistema está corretamente configurado e se o hardware está funcionando corretamente.

✓ Dê boas vindas a todos, agradecendo por estarem ali. Faça uma rápida apresentação de você (no máximo 2 minutos!)

✓ Lembre a todos ali presentes que o objetivo é testar o jogo e não suas habilidades como jogador. Qualquer dificuldade que eles encontrem no jogo será um sinal para melhorar o projeto.

✓ Forneça cópias das regras em papel ou peça para eles iniciarem o programa (em caso de um jogo eletrônico). Diga-lhes para começar quando se sentirem preparados.

✓ Durante o teste esteja presente, mas não oriente a partida. Deixe que os jogadores por si só gerem problemas, mas se algo muito grave acontecer interceda. Eis o momento de anotar no caderno as propostas e possíveis soluções. Esta parte é a mais difícil de fazer: intervir somente quando necessário.

✓ No final da partida converse com cada um deles e pergunte quais foram suas impressões do produto. Neste momento passe o nosso formulário de avaliação (veja mais adiante)

✓ Agradeça a todos pelo apoio e o feedback e ofereça algum tipo de brinde.

A parte mais complexa em alguns teste de jogos para muitos designers é a *isenção*. Este ato é não interferir em nenhuma hipótese ou tentar mitigar os problemas encontrados no jogo. Muitos designers de primeira viagem não estão preparados para algumas críticas e tendem a se zangar ou mesmo brigar com os jogadores de teste.

Em muitos casos os designers ainda tentarão demonstrar que o jogo não tem todos estes problemas e que o grupo escolhido foi errado. Neste momento é necessário respirar fundo e tentar apagar qualquer vínculo emocional com o mesmo. Para o designer tem que haver os seguintes pensamentos:

a) O objetivo do teste é procurar falhas e observar a jogabilidade;

b) A interferência é proibida, salvo numa falha/dúvida muito crítica (já citamos anteriormente);

c) Paciência e tolerância são a alma do negócio;

d) Se o grupo tiver um comportamento não muito dedicado, ou não estiver comprometido com o processo do teste, o melhor é mudar de grupo. **MAS CUIDADO! Não deixe que emoções e sentimentos de raiva sejam os balizadores de suas decisões.**

Metodologias de teste

Cada designer possui metodologias próprias de teste. Citaremos algumas apontadas por certos autores e adaptadas à nossa realidade:

a) **Método de observação** – Neste caso o designer participa como observador, deixando o grupo livre para agir e gerar comentários/observações. Ele só é consultado em situações de dúvida/dificuldade em um jogo.

b) **Método de imersão** – Neste caso o designer participa da partida como mais um jogador, mas anotando quando necessário observações e comentários dos jogadores.

c) **Entrevistas** – Ao final do teste todos os jogadores são entrevistados a fim de colher informações/impressões do jogo.

d) **Dinâmica de grupo** – Neste caso o grupo é reunido e todos discutem amplamente o jogo com seus aspectos.

e) **Formulário** – Um método no qual os jogadores preenchem formulários e depois os mesmos são comparados para filtragem de resultados.

Recomendamos que o designer escolha o método que lhe for mais agradável e fácil de realizar. Sugerimos ainda a seguir um processo de avaliação que pode ser preenchido por jogadores em geral após um teste de jogo. O mesmo foi desenvolvido por Mark Compton e foi adaptado ao nosso contexto (em caso de dúvida Mark esclarecerá as mesmas pelo e-mail mike@reflectionsacrosstheboard.com) e que poderá ser uma ferramenta importante de feedback para o designer. Peça aos seus jogadores que a preencham no final de um teste.

Critério de avaliação de jogo (5 minutos ou menos)

Categorização:

1. Identificação da Categoria do Jogo: (Eurogame/Wargame/Amerigame/Card Game/Destreza/Abstract Strategy/Party Game/Trivia/Shooter/Simulação/Plataforma/RPG/Outros)

2. Preferências Pessoais em jogos desta categoria: (Quais as tendências pessoais com este estilo de jogo.)

1 → 2 → 3 → 4 → 5 → 6 → 7

Clareza	Projeto com layout confuso//Difícil entendimento para os jogadores/Regras muito confusas e de difícil entendimento.	Projeto com layout pouco confuso/ Regras confusas que geram dúvidas.	Projeto com layout claro/Regras claras necessitando apenas pequenas melhorias	Projeto com excelente layout/O jogador tem um perfeito entendimento do jogo/ Regras claras que não geram nenhum tipo de dúvida
Fluidez	Muitos detalhes desnecessários/Muito "travado"/ Regras com muitas exceções gerando confusão/ Necessita muitas modificações.	Alguns detalhes desnecessários/ travado em alguns pontos/ Regras com exceções gerando confusão/Necessita modificações.	Poucos detalhes desnecessários/ fluindo, mas necessita de alguns acertos/ Regras necessitando algumas modificações/ Necessita pequenas melhorias.	Procedimentos de jogo perfeitos/jogo fluido/Regras fluidas / Alta jogabilidade.

Balanço	Desbalanceado/ Quebrado / Fator Estratégia totalmente desfavorecido/Fator sorte desequilibra totalmente o jogo.	Mais desbalanceado do que balanceado/ Alguns itens estão ok, mas o fator estratégia não é favorecido/ fator sorte ainda desequilibra porém funciona em alguns aspectos.	Mais balanceado do que desbalanceado/ Pequenos buracos nas regras que precisam de mudança/Fator sorte é equilibrado, porém necessita de pequenos ajustes.	Jogo bem balanceado/Sem furos estratégicos/ Fator sorte totalmente balanceado com o restante do jogo.
Duração	O jogo é muito curto ou muito longo para o que ele oferece.	O jogo é curto ou longo para o que ele oferece	O jogo está com o timing quase perfeito.	O jogo está com o tempo totalmente apropriado.
Integração	A mecânica e o tema estão totalmente confusos/Os elementos do jogo não se combinam de maneira alguma com a mecânica	A mecânica e o tema estão meio confusos/Diversos elementos do jogo não se combinam de maneira alguma com a mecânica	A mecânica e o tema se combinam, necessitando apenas alguns ajustes/ Os elementos do jogo se combinam com a mecânica necessitando de pequenos ajustes	A mecânica e o tema se combinam de maneira perfeita/ Os elementos do jogo se combinam com a mecânica de maneira perfeita
Diversão	Jogo "chato", não gerando nenhum tipo de tensão emocional/ Não desperta interesse/Tema "sem graça"/ O jogo é insípido	Alguns momentos de emoção com o jogo/Tema de certo interesse/Momentos de divertimento são raros.	Momentos de emoção com o jogo/ tema interessante/ O jogo é bom, mas necessita de pequenos ajustes para despertar maiores emoções	O jogo gera muitas emoções/Tema muito interessante que desperta a imaginação dos jogadores/ O jogo é muito bom para ser jogado.

Pontos Fortes: Qual é o ponto forte do jogo: mecânica, jogabilidade, peças etc.?

Pontos Fracos: Quais são os pontos fracos do jogo? O que decepcionou?

Mudanças: O que você poderia sugerir para melhorar o jogo?

Jogos Comparáveis: Com quais jogos você poderia comparar, principalmente na categoria estratégia, com este que está sendo testado?

De posse das respostas deste questionário é possível identificar os problemas e tipificar se o projeto do jogo atende às reais necessidades do jogador.

A Matriz de jogo

Fullerton, Swain e Hoffman em seu Game Design Workshop introduzem o conceito de Matriz de jogo, um sistema que serve para tipificar e ajudar na discussão entre os designers e os testadores. Basicamente a matriz se apresenta da seguinte maneira:

	Habilidade	Chance(Sorte)
Cálculos Mentais		
Destreza Física		

Os fatores citados podem ser representados como uma forma de) classificação dos sistemas mais comuns em um jogo. Não se trata de uma verdade absoluta, mas o exemplo a seguir serve para entendermos alguns jogos e seu funcionamento:

	Habilidade	Chance(Sorte)
Cálculos Mentais	Xadrez, Go Caylus Puerto Rico Warcraft	Pôquer Gamão
Destreza Física	Unreal Halo Guitar Hero	Twister

Vamos analisar, por exemplo, o Xadrez, um jogo onde basicamente os cálculos mentais são sua base, bem como o Eurogame Caylus, outro bom exemplo. Já o Warcraft combina o misto de estratégia (cálculos mentais) com destreza física (não tão grande). Já o caso do Guitar Hero é totalmente voltado à destreza física, puramente um exercício mecânico. No caso do Pôquer e do Gamão temos cálculos mentais e a sorte, que pode definir uma vitória (o blefe do Pôquer, com a tirada de uma carta que permite obter um trinca por exemplo).

Esta matriz é muito útil e em muitos casos nos situa bem nos conceitos de jogos. No final deste capítulo faremos um exercício com a matriz.

Recolhendo e analisando os dados

Como falamos no início do capítulo, o designer poderá voltar para casa frustrado com um "calhamaço" de informações a respeito de seu jogo e com muitos problemas a resolver. Esta talvez seja uma das maiores vantagens do teste de jogo, já que os dados de retorno são importantíssimos. Se o designer ainda tem um vínculo emocional muito forte, recomendamos novamente esquecer o projeto por alguns dias e só depois com mais frieza analisar os dados colhidos em uma partida.

Os dados representam os problemas/observações do jogo propriamente dito, feitos pelos jogadores em questão. É interessante que alguns pontos sejam colocados como destaque:

a) **Pontos comuns que agradaram a todos** – O que os jogadores mais gostaram no sistema;

b) **Pontos comuns que desagradaram a todos** – O que os jogadores detestaram no sistema;

c) **Detalhe óu fato notável observado pelos jogadores** – Um fato que chamou a atenção de todos (visual, som etc.);

d) **Dificuldades encontradas durante a partida** – Principais dificuldades de jogo (regras confusas, movimentação, sorte em excesso etc.);

e) **Furos de regras ou bugs no sistema** – O que foi detectado em termos de problemas técnicos durante o teste.

Esta análise está intimamente ligada aos problemas que o designer tem propostos a resolver. Se, por exemplo, o tempo de uma partida ou um "puzzle" de um determinado videogame está muito complexo, os jogadores darão para o designer o que ele precisa durante a amostragem de dados. Neste momento o designer poderá ainda verificar se determinada característica colocada no jogo atendeu à necessidade ou causou problemas aos jogadores. Estes dados são elementos para mais uma análise dos mecanismos empregados.

"Gatilhos" e mecanismos de controle

Um jogo pode ter o que chamamos de "gatilho" que é uma situação (obtenção de um determinado item, acúmulo de dinheiro, construção de um prédio etc.) que pode "disparar" o final de uma partida. Estes mecanismos são muito utilizados de maneira clássica em videogames (mudança de nível) e jogos de tabuleiro (o xeque-mate no Xadrez). É interessante para o designer testar os mecanismos desde que o seu grupo esteja preparado para isso em termos de análise técnica. Colocar os jogadores em situações especiais requer um controle muito grande do mecanismo de jogo e já estar com uma versão bem testada para não existir nenhum tipo de melindre.

Exemplo de condução de um teste de jogo

Apresentamos a seguir o desenvolvimento de um teste de jogo do Cosmic Mogul mostrando alguns pontos interessantes para exemplificar o processo.

Case: Cosmic Mogul

Este teste de jogo foi conduzido para o desenvolvimento do jogo Cosmic Mogul durante seu momento 3, onde já se mostrava perto de uma versão final. O Cosmic Mogul é um jogo de ficção científica baseado em cartas, com mecanismo de leilão e um forte apelo econômico. Sua duração média é de 45 a 50 minutos e pode ser jogado por 3 a 4 jogadores. Vamos mostrar como foi feito o teste.

Audiência

Quatro jogadores foram escolhidos, todos com uma boa experiência de jogo e boa capacidade de análise. A cada um foram explicadas as regras e depois foram deixados livremente para desenvolver a partida.

Duração

53 minutos

Observações

O nível de dúvida foi muito baixo, basicamente no que diz respeito à mecânica de algumas cartas e com respeito a pequenos "furos" encontrados durante alguns momentos da partida. Todos acharam o jogo de fácil entendimento e de alto grau de jogabilidade. Foram enumerados os seguintes pontos fortes:

- ✓ facilidade das regras
- ✓ duração de uma partida
- ✓ envolvimento emocional
- ✓ jogabilidade

Por sua vez foram citados alguns pontos fracos:

- ✓ textos de certas cartas deveriam ser melhor explicados
- ✓ o preço de certos itens de compra estava alto
- ✓ alguns itens não foram nem utilizados durante a partida (devido ao preço alto)

Os jogadores comumente concordaram que o jogo era muito bom para iniciantes e que no geral estava muito bom. Se estes ajustes fossem feitos o mesmo estaria pronto para ser um produto final. Um outro ponto neste caso é que a intervenção foi minína, ou melhor, praticamente inexistente por parte do designer.

Neste caso o teste foi feito de maneira tranquila e com um produto praticamente finalizado. Mesmo assim o designer encontrou alguns pontos que ainda estavam um pouco confusos, servindo como orientação para melhorias do mesmo.

Jogos virtuais: o playtest sob outro ângulo

Playtest ou Teste de jogabilidade de um jogo eletrônico é o processo no qual um game designer realiza o teste do novo jogo para encontrar erros e/ou melhorias no jogo que podem ser feitas antes que o produto seja lançado no mercado. O Playtest pode assumir os estados de aberto, fechado, alpha, beta dentre outros. A fase de Playtest é o processo onde são garantidas a qualidade do jogo e a adequação do mesmo com a ideia inicial do game designer.

Um Playtest no estado "aberto" pode ser considerado aberto para qualquer pessoa que deseja participar dos testes de um jogo e que não seja funcionário da empresa que o desenvolve. Já o estado "fechado" ou "caixa preta" é um processo de teste não disponibilizado ao público em geral. Os testes Beta normalmente referem-se aos estágios finais de teste antes de o produto ser lançado no mercado e normalmente são semiabertos com uma versão limitada do jogo visando encontrar problemas de última hora.

Pessoal de teste

Existem basicamente três tipos de testes para jogos: os testes profissionais, que normalmente fazem parte da equipe em que o jogo está sendo desenvolvidos; os testes "de mercado", que normalmente gostam bastante de jogos eletrônicos e encaram o teste como um trabalho, porém avaliando o produto com olhos diferentes dos testes profissionais, pois estes não fizeram parte da equipe que desenvolve o jogo e muitas vezes conseguem apontar problemas que ninguém da equipe sequer imaginaria. O último tipo de testes é o jogador final, que não possui qualquer vínculo com a empresa, normalmente recebendo algum incentivo para expressar suas as opiniões a respeito do game.

Todos os tipos de testes são importantes para uma boa cobertura de defeitos e melhorias no jogo em questão, pois cada um irá apontar um problema ou melhoria diferente. Esta característica heterogênea é que irá garantir uma boa cobertura de teste ao jogo e contribuirá para que o mesmo esteja o mais perto possível do nível de qualidade e balanceamento esperado pelos jogadores.

Quando realizar o Playtest?

A resposta é teoricamente simples, mas um pouco complexa de ser colocada em prática. O ideal é que o teste seja iniciado assim que a equipe de desenvolvimento liberar uma primeira versão jogável, nem que seja de apenas um estágio, e deve também ocorrer muitas vezes em paralelo com o desenvolvimento das próximas características do jogo. Desta maneira, a próxima iteração de desenvolvimento já irá considerar os bugs abertos pelo pessoal de teste e não serão cometidos os mesmos erros de versões anteriores.

Dependendo do tipo de projeto, esta tática se torna um pouco complicada de implementar na prática. Algumas empresas preferem desenvolver todo o produto e manter o pessoal de desenvolvimento somente focado na correção de bugs ao final do desenvolvimento, o que também é válido, porém não permite que os erros sejam corrigidos na fase inicial de identificação. Cada equipe deve procurar um balanceamento nestas duas técnicas de Playtest de forma a identificar qual delas se adequa melhor ao perfil da equipe e ao produto que está em desenvolvimento.

Balanceamento do jogo

Na fase de Playtesting, também ocorre o balanceamento do jogo, que nada mais é do que adaptar o nível de dificuldade, inteligência artificial e outras características para que o jogo não fique impossível de ser jogado ou fácil demais. Neste momento a equipe de desenvolvimento tem condições de fixar no jogo quais serão as características de jogabilidade em três níveis básicos: fácil, médio ou difícil. Normalmente acontece quando o jogo está praticamente completo.

Tipos de Teste

Existem vários tipos de teste que podem ser aplicados às diversas características do jogo que está sendo construído. Os testes mais comuns estão listados a seguir.

Teste de Interface (HUD)

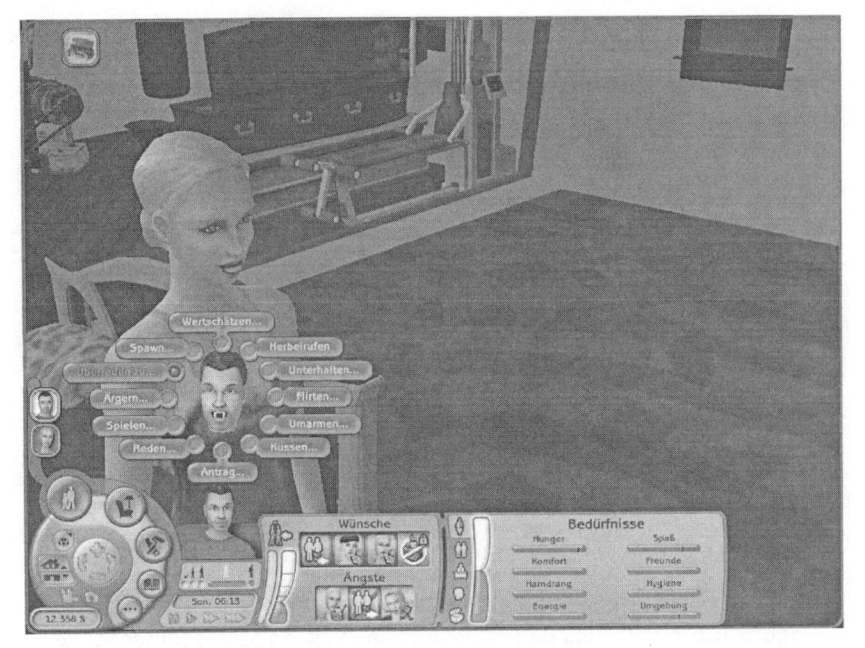

Figura 6.5 • Interface do jogo The Sims 2

Neste teste, é verificado se a interface com o usuário ou HUD (Heads Up Display) e os menus estão intuitivos, fáceis de usar, se aparecem em locais adequados ou não e se as ações disparadas estão coerentes com a situação do jogo naquele momento. Normalmente são feitos vários ajustes e até mesmo cortes de funcionalidades visando deixar o jogo acessível a uma gama maior de jogadores.

Nesta fase também é verificado se não existe nenhum problema com a execução dos comandos disparados pela interface no jogo. Pode acontecer neste momento de ser identificado que o sistema de menus está muito complexo ou simplório demais e o mesmo ter que ser reprojetado para atender aos requisitos definidos pela equipe de teste.

Teste de Mapa

Figura 6.6 • Problema de textura em um mapa do jogo Counter Strike

Neste momento do teste os mapas do jogo são checados "pixel a pixel" para verificar se não existe nenhuma incoerência em relação aos elementos que estão compondo a fase, como deformação de malha de objetos, intrusão do volume de um objeto em outro, caminhos infinitos, portas que nunca são abertas, atalhos que travam o mapa, dentre outros.

Dependendo do tamanho do mapa, pode ser uma das fases mais difíceis e demoradas de se verificar, mas dada sua natureza quase essencial em determinados tipos de jogos, praticamente é a fase em que o todo o time deve focar para evitar que os problemas cheguem até a versão final do jogo sem que ninguém os perceba. Também é normal reposicionar alguns elementos do jogo como inimigos e obstáculos de forma a balancear o mapa.

Teste de colisão

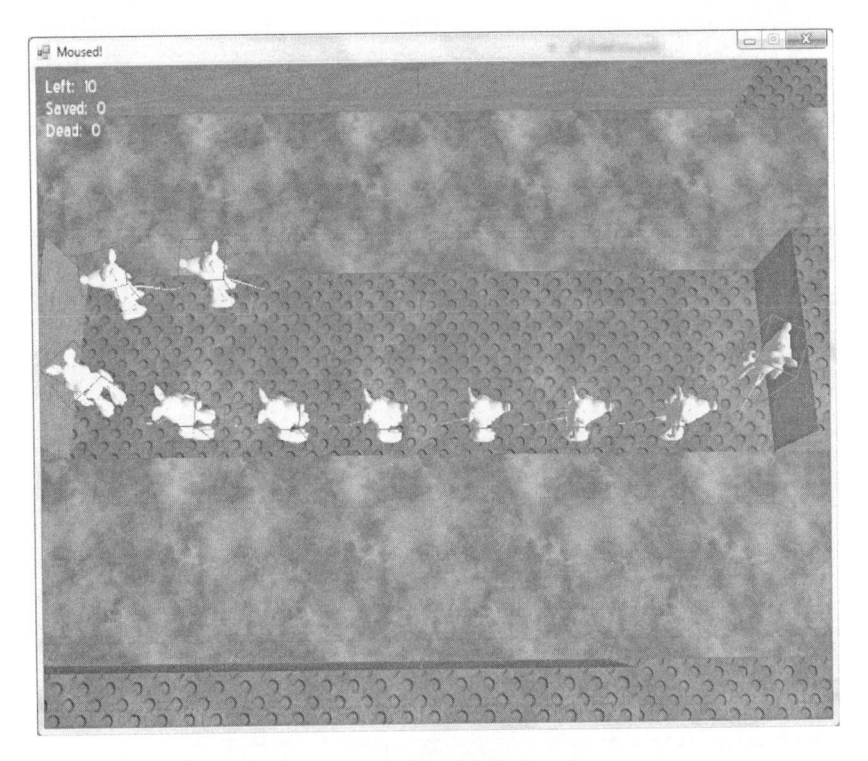

Figura 6.7

Neste momento é verificado o maior número possível de testes de colisão entre os objetos do jogo, visto que o sistema de colisão em um game é parte fundamental de sua natureza, pois praticamente tudo o que ocorre durante o jogo depende de colisão de iteração entre os objetos do mapa.

Normalmente este teste ocorre com a demonstração do mapa de colisão da fase (normalmente habilitado via linha de comando ou no ambiente de desenvolvimento), onde podem ser identificadas as áreas suscetíveis a colidir com os objetos do jogo. O mesmo é executado com o mapa de colisão ativado para verificar possíveis problemas em situações normais do jogo.

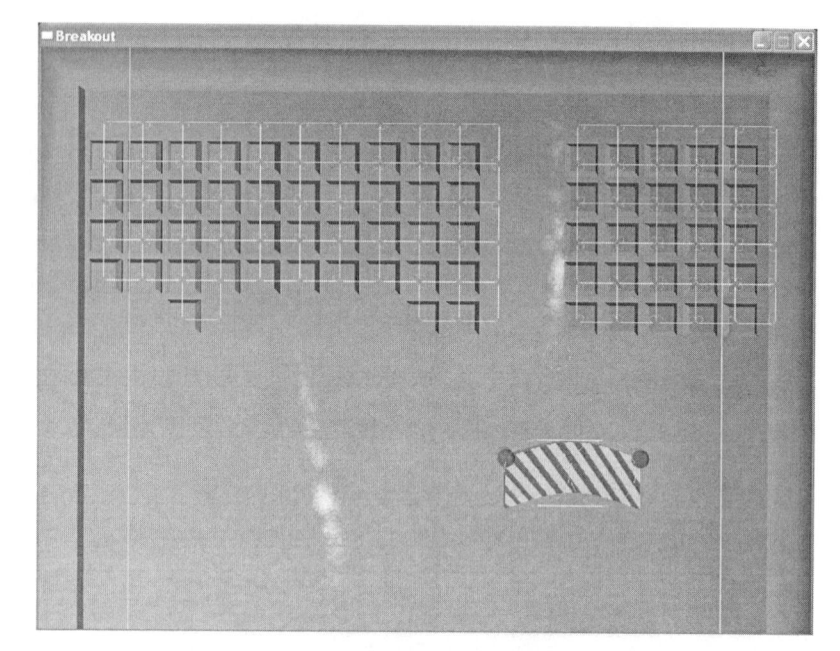

Figura 6.8

Teste de velocidade do jogo

Figura 6.9

Esta etapa consiste na verificação da fluidez e velocidade de jogo, tanto do personagem ou personagens principais quanto das demais animações do jogo para verificar se está tudo coerente, rápido demais ou muito lentamente executado. A verificação é basicamente visual, mas podem ser usados comandos para que a engine do jogo execute a animação em slow motion ou controle manual da câmera para verificar se não existe nenhuma discrepância entre a sequência de animações e eventos de determinada situação do jogo.

Teste dos inimigos (NPC – Non Player Controlled)

Durante o teste dos inimigos e outros agentes do jogo não controlados pelo jogador, são verificados os comportamentos dos mesmos em diversas situações do jogo. Por exemplo, em um jogo de tiro, verificar se a inteligência artificial do companheiro de equipe está indo buscar energia e armas no cenário, se o mesmo está atacando os inimigos etc. Também é uma fase que pode demandar bons ajustes, principalmente na inteligência artificial do jogo e no balanceamento do mapa.

Figura 6.10

Teste dos controles

Figura 6.11

Um dos primeiros testes a serem feitos durante o jogo, ou um dos primeiros onde os problemas são facilmente notados, é o teste dos controles de jogo. Deve-se verificar se o controle do jogador está coerente e simples de entender, se todas as ações necessárias ao jogo estão mapeadas e se as mesmas estão sendo disparadas coerentemente durante o jogo. Controles simples ou complexos demais podem influenciar negativamente na execução do jogo.

É altamente recomendável deixar o jogador customizar os botões dos controles durante a configuração do jogo para que o mesmo se sinta confortável com a execução dos comandos durante o jogo.

Teste da inteligência artificial

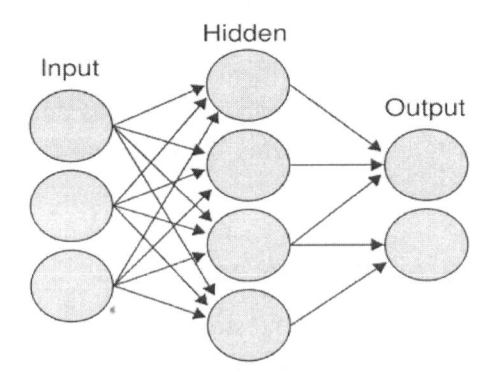

Figura 6.12

Juntamente com o teste dos NPC (Non Player Controlled), vem o teste da inteligência artificial do jogo, que visa garantir que o sistema de inteligência (normalmente usando rede neural) está aprendendo corretamente com as ações do jogador e não produzindo nenhuma resposta absurda ou inesperada para o contexto do jogo. Normalmente os erros são identificados pelo pessoal de teste e reproduzidos pelos desenvolvedores para que seja possível efetuar a correção da rede neural, eliminando a possibilidade de saídas inválidas.

Teste da pontuação/scores

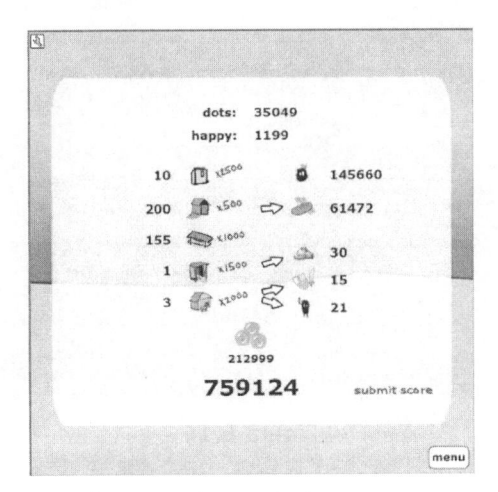

Figura 6.13

Neste ponto, juntamente com o balanceamento do jogo, é executado o teste de pontuação e hi-score para verificar se o jogo está agindo de maneira justa com os jogadores, atribuindo-lhes pontos de acordo com o nível em que o jogador está executando o jogo. São identificadas possibilidades de falhas ou mesmo de não pontuação em determinadas condições de jogos, e o sistema de pontos é ajustado para refletir as regras definidas na fase de balanceamento do jogo.

Teste de música e efeitos sonoros

Esta fase consiste em se verificar se a música e os efeitos sonoros do jogo estão sendo reproduzidos com qualidade razoável em uma gama significativa de hardware distinto, visando assegurar o mesmo nível de qualidade de música e efeitos sonoros em uma amostragem de sistemas distintos. Verificam-se também situações em que o game se comporta erroneamente, repetindo a música e/ou sons de forma incorreta, causando lags.

Teste de jogabilidade multiplayer

Figura 6.14

Esta fase de teste pode ser uma das primeiras ou das últimas fases de teste que serão executadas e visa basicamente garantir o comportamento coerente do jogo quando o mesmo está sendo executado em ambiente multiplayer, sob a Internet ou rede local. Várias situações inusitadas podem acontecer exatamente neste ponto do teste, pois nele estão envolvidos jogadores humanos e não somente inteligência artificial. Esta mistura pode gerar efeitos interessantes mas também pode causar bugs complexos de identificar e que devem ser corrigidos e retestados para que o produto apresente o mesmo padrão de qualidade tanto em modo single quanto multiplayer. Normalmente esta fase acontece em playtesting aberto.

Conclusões

Neste capítulo apresentamos o conceito de teste de jogo e como procurar dirigir uma atividade como esta. Vimos que a mesma é uma das partes mais importantes do desenvolvimento de um jogo e que tem que ser levada com muita seriedade por parte do designer. Os jogadores de teste são alguns dos mais importantes recursos para auferir em que estágio está um jogo e quais os problemas ainda existentes. É uma mão-de-obra preciosa e que deve ser tratada com muita seriedade.

Vimos também os tipos de teste para jogos eletrônicos (open, closed, alpha e beta), quais pessoas estão mais aptas a desenvolver cada teste e vimos também os tipos de teste mais comumente executados em sistemas. Sem dúvida, um jogo de qualidade deve possuir uma cobertura razoável de testes de acordo com sua natureza para que seja garantida a diversão e o balanceamento de seus jogadores, além da coerência com o que foi definido na fase de concepção do jogo.

Lembramos que o desenvolvimento de um jogo demanda tempo e quanto mais retorno tivermos em nossos testes e soubermos como aproveitá-los, com certeza teremos mais sucesso em nossas empreitadas.

Exercícios

1. Pegue um jogo de computador ou de tabuleiro e tente classificá-lo na Matriz de jogo. Qual sua maior dificuldade em classificar o mesmo?

2. Enumere os pontos fracos e os pontos fortes de um jogo como o Monopólio (Banco Imobiliário) utilizando o critério de avaliação de jogo. Faça o mesmo para o jogo Doom. Faça isto também para dois jogos de sua preferência.

3. Pegue seu protótipo desenvolvido no capítulo 6 e faça uma sessão de teste de jogo com o público-alvo do mesmo. Anote as impressões de seu comportamento e dos jogadores.

4. Mediante os resultados do item 3, proponha alternativas para seu protótipo.

7. Outros Estilos de Jogos

Introdução

Neste capítulo apresentaremos outros estilos de jogos pelos quais o designer poderá se aventurar em algum momento. Normalmente este estilo de jogo é projetado em colaboração com outros profissionais que sejam da área de gestão, educacional ou mesmo financeira. O trabalho do designer é traduzir uma situação para uma mecânica de jogo, capaz de envolver os jogadores e ao mesmo tempo possibilitar auferir as necessidades do promotor do jogo. Iremos mostrar alguns pontos importantes sobre estes estilos.

Jogos empresariais

O jogo empresarial é uma ferramenta muito efetiva para treinar os colaboradores de uma corporação. O conceito lúdico dos jogos empresariais passa normalmente por uma simulação voltada para a regra de negócio do cliente. Projetar um jogo deste tipo requer muito mais um conhecimento voltado para as necessidades de mercado, colocando os colaboradores frente a diversas decisões que serão utilizadas como critério de avaliação. Estas simulações nos dias atuais contam com os recursos de computador para efetuar cálculos ou até gerar elementos de aleatoriedade para simular diversos tipos de problemas/situações de mercado. Neste nosso capítulo iremos falar sobre este tipo de jogo mostrando suas principais características.

Um pouco de história

Os jogos empresariais tem sua origem em diversos estudos militares, e alguns autores como Giordano (1997) mostram que os mesmos foram desenvolvidos há milhares de anos, como ferramentas de simulação e avaliação de táticas e estratégias em campo de batalha frente a um inimigo real, ou mesmo imaginário. Podemos citar que os prussianos com seu Kriegspiell já faziam este tipo de simulação para combates (uma das origens dos wargames). Estes conhecimentos militares foram transferidos para a vida administrativa (principalmente depois da Segunda Guerra Mundial) e de negócios. Estas táticas militares nos negócios foram se tornando cada vez mais eficazes para as corporações, e em 1955 a Rand Corporation desenvolveu o Monopologs, que simulava toda a estrutura do sistema de abastecimento da Força Aérea dos EUA.

Este jogo foi de grande sucesso e acabou sendo empregado em administração de negócios na área civil, pois o contexto operacional é similar.

Figura 7.1 • *Fac Símile do Manual do Jogo Monopologs*
Extraído do site da Rand Corporation
(http://www.rand.org/pubs/research_memoranda/2007/RM1917-1.pdf)

No ano de 1956, pesquisadores da American Management Association criaram uma versão própria de jogos de negócios, utilizando a mesma filosofia adotada nos jogos de guerra, mas com a visão voltada para os negócios corporativos. O Top Management Decision Game foi o primeiro considerado como jogo de negócios e é o "pai" de todos os jogos atuais. Este jogo, apesar de ser muito simples comparado aos atuais, foi a base que serviu para o desenvolvimento da filosofia. O Top Management Game foi utilizado como ferramenta de ensino na Universidade de Washington e no mesmo ano de 1957 surgiu o Business Management Game, que foi fruto do acompanhamento de profissionais da Mckinsey & Company em cima do Top Management Game.

No ano de 1961, mais de 100 jogos foram desenvolvidos em meio acadêmico, permitindo o treinamento de mais de 30.000 líderes/executivos em corporações. No início da década de 80 já existiam no mercado mais de 1.500 jogos empresariais voltados para o treinamento em corporações e no meio acadêmico (KEYS & WOLFE 1997).

Um dos grandes fatores que impulsionaram os jogos empresariais foi o desenvolvimento dos computadores e toda a evolução dos microprocessadores, cada vez mais capazes de executar processamentos matemáticos mais complexos e com um nível de simulação alto. Estudos e desenvolvimentos na área de Pesquisa Operacional, bem como modelos matemáticos ligados a fatores do dia-a-dia, tornaram os jogos empresarias mais "reais", ou seja, muito próximos a situações cotidianas.

As empresas tiveram a feliz visão da importância da aplicação desta nova ferramenta nas áreas de Recursos Humanos e Gestão de Lideranças. Diversos jogos são utilizados como ferramentas de avaliação interna e como forma de descobrir novos líderes entre seus colaboradores.

Filosofias de desenvolvimento

Existem diversas formas de desenvolvimento e aplicação para este tipo de jogo. O conceito da vitória neste caso se dá através de situações diversas. Alguns autores costumam dividir os jogos em três grandes tipos (Giordano 1997):

a) **Simples baseados em cenários** – Nesta situação os jogadores representam diversas empresas fictícias, onde o principal objetivo é o estudo de cenários e situações para a exploração de possíveis falhas ou vantagens corporativas. Este jogo é muito comum em treinamentos acadêmicos e explora algumas facetas de mercado.

b) **Complexos ou baseados em ambiente** – Nesta situação os jogadores são inseridos no contexto de uma empresa e precisam explorar toda a sua habilidade de tomar decisões que a melhorem frente a concorrentes no mercado, mediante limitações impostas ao ambiente de simulação. O nível de problemas e a complexidade dos mesmos é bem maior e normalmente são reflexos de situações reais.

c) **Jogos de Empresas Funcionais** – Este tipo é o que se aproxima muito mais da realidade de uma empresa. Os jogadores são inseridos no contexto de uma empresa real (podendo ser aquela de cujo quadro corporativo fazem parte) e exploram diversas situações de administração, levando a diversos cenários, mostrando assim a postura de cada um no contexto geral. É o tipo de jogo mais completo e real utilizado por corporações durante os quais diversos gestores foram descobertos ou mesmo reposicionados. É o tipo de jogo mais complexo de implementar.

Uma outra questão que deve ser considerada nos jogos empresariais é a forma de manipulação dos dados referentes à simulação. A constante alimentação destes dados, seu armazenamento e seu processamento são muito importantes em cada rodada. Estes dados mostram o desempenho frente à simulação e indicam quem teve melhor desempenho como um todo.

> **Observação:** Os jogos empresariais são espelhos da época em que foram desenvolvidos dos recursos disponíveis. Atualmente recursos de Inteligência Artificial, alto nível de processamento de informações e redes de computadores transformaram estes jogos em ferramentas muito diferentes das antigas, mas ainda guardando o conceito básico inicial.

Estrutura de um jogo empresarial

Diferentemente dos jogos até aqui apresentados, os jogos empresariais possuem elementos próprios que definem sua estrutura. A mecânica destes jogos não é similar às mecânicas adotadas nos jogos até aqui apresentados, mas são profundas simulações. O jogo empresarial pode até, em determinados momentos, ter um pouco de RPG (Role Playing Game) em sua execução, mas, com a ajuda do computador para a interpretação dos dados e uma estrutura bem definida, é uma simulação sem precedentes. Basicamente um jogo empresarial seria formado pela seguinte estrutura (Giordano, 1997):

a) **Manual de jogo** – O manual de um jogo empresarial, a grosso modo falando, representa as "regras" do mesmo. Só que o manual, além das regras propriamente ditas, abarca outras variáveis importantes como: dados a nível de entrada e saída, comportamento no ambiente dos jogadores, mecanismos de interação/comunicação entre os participantes, características do chamado Animador e o objetivo do jogo propriamente dito. Alguns jogos são compostos por vários manuais ou apenas um deles.

b) **Animador** – A figura do Animador talvez seja a mais importante do jogo empresarial, já que o mesmo representa diversas figuras numa "partida". Num determinado momento, o Animador pode representar um fornecedor, um cliente, um comprador, ou qualquer figura relevante ao jogo. O Animador também pode colocar novas variáveis em um jogo, ou mesmo modificar uma situação reinante em uma partida. Cabe a ele ainda avaliar e coordenar equipes de jogadores e direcionar em caso de necessidade o cenário. Por ser um elemento chave, normalmente o Animador é um dos organizadores do jogo e um de seus mentores. Algumas empresas já fizeram animação em certos jogos empresariais utilizando técnicas de RPG. Jogos mais recentes utilizam Animadores baseados em Inteligência Artificial.

c) **Processamento** – Hoje ao falarmos de processamento é muito comum falarmos de computadores. Os jogos empresariais modernos utilizam os computadores para processamento de cálculos, armazenamento em banco de dados das informações provenientes dos jogadores e do Animador em si. O resultado deste processamento pode ser feito sob a forma de relatórios, impressos ou em telas. Alguns jogos modernos utilizam recursos de processamento para simular situações diversas como, por exemplo, o envio de um email simulando uma situação para o jogador. Lembramos que o processamento é feito em cada rodada de jogada.

d) **Jogador** – O participante de um jogo empresarial. O jogador representa a empresa ou uma estrutura empresarial que compete com outros na simulação. A sua função é imergir na situação simulada, tomando decisões e utilizando os dados recebidos durante uma rodada. É o elemento norteador do jogo.

Os jogos empresariais são mais uma ferramenta de ensino na área de gestão sendo "sim um suporte ao professor, quando do ensino de determinada disciplina e um poderoso motivador ao grupo de alunos a serem treinados" (Giordano 1997).

Os jogos são aplicados para auferir a capacidade de seus participantes diante de diversas situações de gestão. Cada jogo é único e orientado à necessidade do cliente, sendo que o mais importante a ser considerado é o conhecimento de sua estrutura e de seu projeto, ou seja, tudo deve estar presente no manual de jogo. Este tipo de jogo não é vendido em lojas, ou em *sites* especializados, é um sistema especificamente criado para um contexto específico de um cliente.

Jogos empresariais são educacionais?

Sim e não. Os jogo educacionais são outra forma de jogo que atualmente está sendo utilizada por educadores em sala de aula. Contudo, a visão deste tipo de jogo esbarra ainda numa visão infantil. Wilhelm e Lopes (2006) citam que: "Tradicionalmente os jogos educacionais têm sido utilizados de forma simples, voltados principalmente para o público infantil, sendo que poucos jogos têm sido utilizados em níveis educacionais voltados para jovens e adultos".

A visão de que um jogo ainda é brinquedo esbarra muito com a mentalidade não só das pessoas, mas das próprias empresas que comercializam este tipo de produto. Além disso, estes jogos ainda utilizam mecânicas do rolar e mover, com temas onde as pessoas jogam mais com a sorte, do que com o raciocínio e a estratégia. Numa outra situação, estes jogos são muito ligados aos jogos abstratos, onde uma tênue fronteira os divide. A ideia em muitos casos é utilizar a brincadeira como forma de educação, mas sempre apoiando-se em algum jogo. Mas os jogos educativos hoje no Brasil ainda utilizam mecânicas antigas, ou são focados em alguns aspectos específicos de cada situação.

Uma experiência por parte dos autores foi aplicar o jogo exemplo deste livro, o ECOnomia, no colégio Santa Mônica, no Rio de Janeiro. Esta experiência foi feita em parceria com a Ediouro no Campeonato de Passatempos realizado no colégio. Um dos aspectos foi utilizar o jogo como final do campeonato e os resultados foram muito interessantes.

Figura 7.1 • *O ECOnomia sendo utilizado na final do Colégio Santa Mônica*

Os alunos se adaptaram às regras e conseguiram desenvolver uma partida, e o mais importante é que alguns deles conseguiram captar a essência do jogo. O tema sobre empreendedorismo e sustentabilidade poderia ser facilmente adaptado para uma estrutura de uma empresa, já que o resultado final era a busca de um melhor desempenho. Não havia o fator sorte, apenas raciocínio e estratégia.

Jogos para dispositivos móveis

Falaremos a respeito de jogos para dispositivos móveis como celulares, PDA's, smartphones etc. Aprenderemos um pouco sobre o funcionamento de cada plataforma e as ferramentas disponíveis para a criação de games para estes dispositivos.

Visão geral

Os dispositivos móveis caracterizam-se por oferecer menos recursos computacionais aos jogos, principalmente no que diz respeito a quantidade de memória disponível, tamanho e resolução da tela, poder de processamento, redes com menor velocidade (comparadas à velocidade das redes de computadores), dentre outros. Criar bons jogos para estes dispositivos tem sido um desafio constante devido a estes fatores limitantes, mas se levarmos em consideração o número de pessoas que possui ao menos um dispositivo móvel com capacidade de rodar jogos teremos um mercado em franca expansão com muitos nichos de interessantes.

Atualmente existe uma fusão de funcionalidades nestes dispositivos, normalmente na forma de um telefone celular reunindo funções que antes seriam exclusividade de outros dispositivos.

Como desenvolver jogos para dispositivos móveis?

Para desenvolver software para dispositivos móveis é necessário possuir acesso aos kits de desenvolvimento de software (SDK) fornecidos pelas empresas que criaram o sistema operacional. Na maioria das vezes o acesso a estas ferramentas é gratuito, após o registro do desenvolvedor no site do fabricante. Cada empresa adota um padrão de comercialização e distribuição distinta para os aplicativos desenvolvidos para suas plataformas.

É importante salientar que cada dispositivo em questão possui uma arquitetura de hardware e software distinta, e muitas vezes criar um mesmo jogo para várias versões de aparelho torna-se um trabalho bastante árduo e caro. Cada dispositivo roda uma versão diferente de sistema operacional e expõe características distintas para se desenvolverem jogos.

Você pode desenvolver o seu jogo usando os recursos nativos do dispositivo móvel (API's nativas) em que pretende rodá-lo, porém o jogo rodará somente na série de dispositivos em que estes recursos estiverem disponíveis. A indústria trabalha na criação de padrões de plataformas unificadas de desenvolvimento, onde o jogo criado pode ser executado em qualquer outro aparelho independentemente de suas características de hardware e software, garantindo a portabilidade qualquer que seja o dispositivo adotado.

Os sistemas operacionais mais comumente encontrados nestes dispositivos são Symbian OS, Qualcomm Brew, Windows Mobile, Iphone Os dentre outros. Atualmente, as plataformas disponíveis para desenvolvimento de jogos são:

Qualcomm Brew (*Binary Runtime Environment for Wireless*) é uma plataforma de desenvolvimento criada pela empresa Qualcomm para criação e distribuição de aplicativos para dispositivos móveis. Para criação de aplicações é utilizada a linguagem de programação C++ e um *framework* disponibilizado pela Qualcomm, que possibilita o acesso às principais funções de um aparelho celular. A distribuição das aplicações é realizada através de um aplicativo da Qualcomm chamado BREW Shop. Este aplicativo vem pré-instalado em todos os aparelhos que suportam esta tecnologia e permite a compra e download das aplicações aprovadas pela operadora para uso de seus clientes

Java Plataform, Micro Edition ou Java ME, ou ainda J2ME é uma tecnologia que possibilita o desenvolvimento de software para sistemas e aplicações embarcadas, ou seja, toda aquela que roda em um dispositivo de propósito específico, desempenhando alguma tarefa que seja útil para o dispositivo. É a plataforma Java para dispositivos compactos, como celulares, PDAs, controles remotos, e outra gama de dispositivos. Esta plataforma é baseada em perfis, onde cada perfil consiste em um conjunto de classes que possibilita aos desenvolvedores de software programar as aplicações de acordo com as características das aplicações dos pequenos dispositivos computacionais. A partir da versão 2 da especificação MIDP, esta plataforma conta com um conjunto de API's designadas especificamente para o desenvolvimento de jogos.

Google Android é um conjunto de softwares de vários níveis para dispositivos móveis que incluem um sistema operacional baseado em Linux, software de middleware e outras aplicações que permitem aos jogos explorar as características do dispositivo atual. O desenvolvimento de software para esta plataforma é baseado na linguagem Java. Suas principais características interessantes ao desenvolvimento de jogos são:

- ✓ Framework de aplicação que possibilita o reuso e troca de funcionalidades baseadas em componentes
- ✓ Máquina virtual Dalvik otimizada para dispositivos móveis
- ✓ Gráficos otimizados por uma biblioteca 2D customizada
- ✓ Gráficos 3D baseados no padrão OpenGL ES 1.0, com aceleração via hardware opcional
- ✓ Suporte para os tipos de mídia mais comumente usados como MPEG4, H.264, MP3, AAC, AMR, JPG, PNG e GIF

Iphone SDK é um conjunto de ferramentas de desenvolvimento que contém código e documentação de que você precisa para desenvolver, testar, executar e depurar aplicações para a família iPhone. As ferramentas Xcode foram atualizadas para suportar o desenvolvimento para iPhone. Além de constituir a base para edição, compilação, depuração e de ambiente de execução para o seu código, o Xcode provê e também permite executar os jogos desenvolvidos no emulador do iPhone, uma plataforma que imita a base iPhone ambiente local no seu computador Macintosh. Para o uso da SDK do iPhone é necessário que o desenvolvedor tenha acesso a um sistema operacional do tipo Mac Os X ou superior.

Game engines

Assim como existem game engines para computadores, o mercado de dispositivos móveis também conta com engines para o desenvolvimento de jogos nesta categoria de dispositivos. Tão importante como contar com uma boa game engine para computadores, ter acesso a este conjunto de ferramentas de software pode facilitar muito a vida do desenvolvedor de jogos para dispositivos móveis ao disponibilizar recursos e abstrações sob a plataforma na qual está sendo desenvolvido o jogo. Todas as engines possuem já implementados os recursos necessários para desenhar gráficos, imagens, sprites, detecção de colisão, som, rede etc. Vamos conhecer algumas engines disponíveis atualmente:

Figura 7.3 • http://www.edgelib.com/

A EDGELIB é uma game engine poderosa e multiplataforma desenvolvida em C++ para a criação de aplicações e jogos de alto desempenho para dispositivos móveis. Você pode criar e compilar jogos facilmente através da interface genérica compatível com Windows Mobile para Pocket PC, Windows Mobile para Smartphone, Symbian série 60, série 80, série 90, Symbian UIQ, Gamepark Holdings GP2X, Gizmondo e Windows.

A engine oferece uma API padrão que é independente de dispositivo para gráficos 2D de alto desempenho, gráficos 3D acelerados por hardware usando OpenGL ES, renderização 3D por software, acesso a sistema de arquivos, controles, conexão de rede e muitas outras facilidades.

Trata-se de uma engine muito poderosa e promissora para jogos multiplataforma que exigem alto desempenho gráfico e a cobertura do maior número possível de dispositivos móveis onde será executado o jogo.

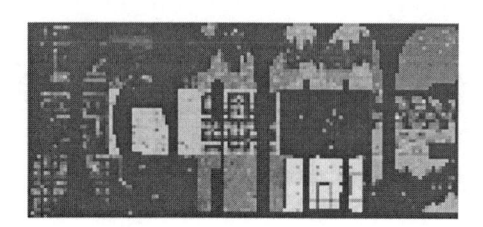

Figura 7.4 • http://www.13thmonkey.org/~boris/jgame/

A JGame é uma engine 2D open source projetada para a execução de jogos em ambiente desktop e mobile através da plataforma Java ME. Ela está implementada sob as APi's opengl, o que provê uma boa performance e qualidade gráfica. A engine em si dispõe de um framework de alto nível para o desenvolvimento de jogos no estilo de fliperama, baseada em sprites com animação e detecção de colisão automática. Possui também integração com fundos e tiras de sprites animadas, além de dispor de um sequenciador de estado e jogo automático.

Sua grande vantagem reside no fato de que os jogos codificados para ela podem ser tanto executados no desktop (por meio de Applets Java) quanto em dispositivos móveis que suportem a plataforma Java ME, onde os gráficos são ajustados automaticamente para encaixar na tela do dispositivo onde está sendo executado, indo do menor dispositivo móvel até gráficos em tela cheia do PC. A engine também usa aceleração gráfica via hardware quando disponível, aumentando a performance e qualidade visual dos jogos desenvolvidos com ela.

Suas características permitem desenvolver uma vez o jogo e distribuí-lo em outras plataformas sem a necessidade de reescrever/adaptar dos cenários do game. Sem dúvida, outra game engine a se levar em consideração quando estiver elaborando jogos para dispositivos móveis dada suas características multiplataforma interessantes.

Figura 7.5 • http://www.garagegames.com/products/torque/iPhone/

A Torque é uma game engine bem conhecida e conceituada no mercado, cujas conhecidas facilidades estão agora disponíveis também para o desenvolvimento de jogos para o iPhone. Ela inclui um editor 3D real time integrado com muitos pacotes de modelagem 3D, uma linguagem poderosa de script e outras características:

- ✓ Suporte multitoque da tela
- ✓ Reconhecimento de gestos da tela Touch Screen
- ✓ Compressão e otimização de texturas para o iPhone
- ✓ Animação avançada de personagens

Sem dúvida, um produto que vale muito a pena a aquisição pelas facilidades que provê para desenvolver jogos para o iPhone. A Torque está no mercado profissional de jogos há um bom tempo e sempre disponibilizou produtos de nível profissional para o desenvolvimento de games.

Considerações

Desenvolver jogos para dispositivos móveis com certeza não é a mesma coisa do que criá-los para serem executados em computadores. Durante as fases de concepção e elaboração do jogo, lembre-se de que o mesmo será executado em um dispositivo no qual o tamanho da tela pode ser pequeno ou grande demais para os objetos do seu cenário. Procure trabalhar com resoluções gráficas baseadas em médias de resolução ou então utilizar ferramentas (engines) que dão suporte para o redimensionamento automático das imagens utilizadas. Assim, é possível manter o "aspect ratio" (proporção) dos objetos do cenário que seu jogo exibirá independentemente do tipo e tamanho da tela do dispositivo.

Outros cuidados que devem ser tomados também se referem aos controles do jogo. Procure utilizar poucas teclas para que o jogador não se confunda e nem tenha que "espremer os dedos" no pequeno teclado numérico disponível nos telefones celulares. Alguns aparelhos possuem botões propriamente desenvolvidos para jogar ou escutar música, portanto forneça ao jogador meios de configurar estes botões em seu jogo.

Importante também ressaltar sobre a música e efeitos sonoros. Alguns aparelhos possuem chips de áudio de baixo custo, o que não permite que os efeitos e/ou a música sejam fielmente reproduzidos em dispositivos diferentes. Procure utilizar sons/músicas de baixo sampling rate (taxa de amostragem) e com poucas variações para evitar que ocorram distorções em dispositivos como estes. Padrões como sons MIDI são excelentes alternativas a este problema.

Caso o jogo seja projetado para acessar a Internet, tome cuidado com os custos. Nunca programe o aplicativo para conectar-se diretamente sem a permissão do usuário. Lembre-se de que também o tamanho dos pacotes possui influência na velocidade, já que nem sempre pode-se garantir que o usuário estará em uma região coberta por antenas de alta velocidade de rede, como GPRS, EDGE E 3G.

Distribuição

Após ter desenvolvido e testado o jogo, é hora de distribuí-lo. A melhor maneira de realizar esta tarefa é por meio de uma operadora de telefonia móvel, que deixará seu jogo disponível no site ou outros meios de acesso para que os jogadores possam comprá-lo.

A forma de distribuição do jogo pode variar em virtude da plataforma escolhida, portanto é fundamental testar o pacote de distribuição no maior número de dispositivos distintos possíveis para corrigir eventuais problemas.

Cada operadora de telefonia móvel possui seu modelo e forma de distribuição de jogos distinta, portanto consulte-as diretamente, faça um contato, exponha o seu produto (jogo) para que elas verifiquem se o mesmo está nos padrões esperados e se a distribuição poderá ou não ser feita pela empresa, se existirão custos associados etc.

Esta é uma das fases mais complicadas e demoradas para quem está começando, mas não se deixe vencer pelas dificuldades. Caso não consiga contato ou seu jogo seja recusado, não desanime. Reformule-o e procure por empresas especializadas na publicação (publishers) de jogo no Brasil e no exterior.

Finalizando...

Como a criação, a distribuição de jogos para o mercado de dispositivos móveis não é uma tarefa trivial de ser executada, seja pela inerente complexidade tecnológica envolvida durante todo o processo, seja pela forma com que o jogo vai ser vendido/distribuído. Porém, sem dúvida, trata-se de um mercado com um imenso potencial de crescimento e expansão. Muitas empresas de jogos do Brasil estão se focando e especializando neste segmento, dado que os custos de produção envolvidos na elaboração de um jogo para dispositivos móveis são bem mais baixos se comparados à produção de um título AAA para o mercado de jogos de computador e consoles. A intenção foi de passar uma visão geral ao game designer sobre como e quais são os principais recursos e processos para se criar e comercializar jogos para dispositivos móveis.

Conclusões

Com este capítulo encerramos o nosso livro e deixamos em aberto para você leitor questões que só poderão ser respondidas quando colocar "a mão na massa". Este livro não é um guia definitivo e esperamos que se torne o primeiro de uma grande série que venha incentivar os jogos no Brasil. Queremos assim atingir o aluno, o professor e o profissional de design. Torcemos para que todos um dia possam criar seus próprios jogos e que os mesmos se transformem em elementos de desenvolvimento profissional e social.

Convidamos a todos a discutirem nosso livro em nosso fórum de design de games em http://www.riachuelogames.com.br/forum. Nos encontramos por lá!

Anexo I
Formulário de Game Design

Este formulário foi desenvolvido pela Cooper Games para a definição de um projeto de jogo eletrônico. Este documento serve como base para que uma equipe juntamente com o designer possa começar a desenvolver todo o projeto. Não é um modelo definitivo, mas foi adotado em diversos projetos da Coopergames.

http://www.coopergames.com.br/

Game Design

Projeto Jogo

Jogo de Computador

Videogame

Versão 1.00

ÍNDICE

Sobre o Jogo

Nome do jogo

 Histórico do design

Visão geral do jogo

Filosofia

Questões comuns

O que é o jogo?

Por que criar este jogo?

Onde o jogo é realizado?

Como é o controle?

Quantos personagens são controláveis?

Qual é o objetivo principal?

Qual é o diferencial sobre os produtos existentes?

Conjunto de características

 Características gerais

 Características em multiplayer

 Editor

 Jogabilidade alta

 Ambiente do jogo 3d/2d

 Público-alvo

Requerimentos do sistema

 Requerimentos recomendados do sistema

Tipos de jogo

 Visão geral

 Tutorial sim

 Modo rélo single player

 Modo rélo multiplayer

Mundo físico

 Visão geral

Lugares chave

Escala 1:1000

Objetos

Condições climáticas

Dia e noite

Tempo

Sistema de renderização

Visão geral

Renderização 2d/d

Câmera

Visão geral

Detalhe da câmera

Engine do jogo

Visão geral

Detalhe da engine do jogo

Física

Detecção de colisão

Modelos de iluminação

Visão geral

Detalhe do modelo de iluminação

Layout do mundo

Visão geral

Níveis

Nível — subúrbio

Personagens do jogo

Visão geral

Criando um personagem

Adversários

Interface com o jogador

Visão geral··

Menus

Descrição dos menus

Menus outline

Medidores e ícones

Direção/força do vento

Medidor da tensão na linha

Medidor de linha na lata

Danos na pipa

Pontuação

Adversários

Telas de início/fim de jogo

Tela de início de fase

Tela do mapa da fase

Animação de vitória do personagem

Animação de derrota do personagem

Itens

Visão geral

Detalhes

Música e efeitos sonoros

Visão geral

Música de fundo

Efeitos sonoros

Design de som

História

Horas de jogo

Condições de vitória

Jogo em modo single player

Visão geral

Detalhe do modo single player

Jogo em modo multiplayer

Visão geral

Máximo de jogadores

Servidores

Customização

Internet

Sites de jogo

Persistência

Salvando e carregando

Tipos de conexão

IPX

Modem a Modem

Tcp/Ip

Renderização de personagem

Visão Geral

Detalhes

Edição de níveis

Visão Geral

Detalhes

Apêndice

Apêndice de Objetos

Apêndice da Interface com Usuário

Apêndice da Comunicação em Rede

Apêndice da Renderização de Personagens e Animação

Apêndice da História

HISTÓRICO DE MODIFICAÇÕES

Data	Modificado Por	Versão	Alterações
08/05/2006	Júlio César	Versão Inicial (1.0)	Criação do Documento
10 a 23/05/2006	Júlio César	Versão 1.0.1	Formatação do índice, inclusão do corpo dos subitens.

SOBRE O JOGO

Nome do Jogo

Pipa3D

Histórico do Design

A definir.

Visão Geral do Jogo

A definir.

Filosofia

Este jogo tenta ser inovador em todos os seus aspectos, desde os técnicos até os de jogabilidade, tentando introduzir no mercado um estilo de jogo completamente inovador e inédito no mundo todo.

Inicialmente, o jogo rodará em plataformas IBM-PC com sistema operacional Windows 9X e futuramente após a finalização e estabilização do produto teremos versões portadas para o ambiente Linux e provavelmente algum console como o XBox.

O que é o Jogo?

A definir

Por que criar este Jogo?

A definir.

Onde o Jogo é realizado?

Entra ambientação

Como é o controle?

Os controles serão uma união de mouse e teclado.

Quantos personagens são controláveis?

Um personagem. A definir.

Qual é o objetivo principal?

A definir

Qual é o diferencial em relação aos jogos existentes?

A definir.

CONJUNTO DE CARACTERÍSTICAS

Características Gerais

- ✓ Fases extensas
- ✓ Adversário com inteligência artificial aprimorada
- ✓ Gráficos 3D
- ✓ Física consistente

Características em modo Multiplayer

- ✓ Mais de 10 mil jogadores simultâneos
- ✓ Salas de jogos
- ✓ Chat durante o jogo via Volp

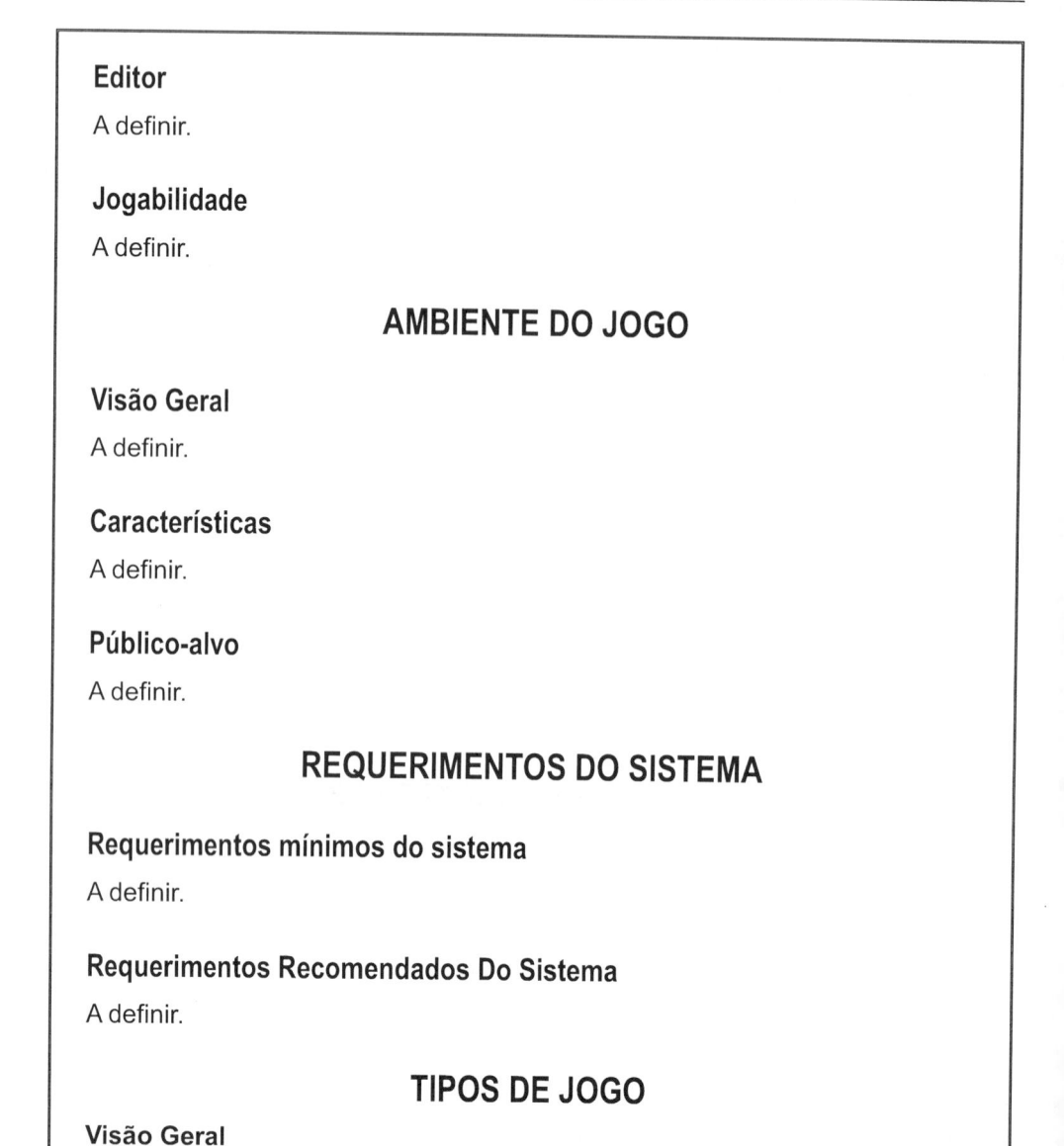

Editor

A definir.

Jogabilidade

A definir.

AMBIENTE DO JOGO

Visão Geral

A definir.

Características

A definir.

Público-alvo

A definir.

REQUERIMENTOS DO SISTEMA

Requerimentos mínimos do sistema

A definir.

Requerimentos Recomendados Do Sistema

A definir.

TIPOS DE JOGO

Visão Geral

A definir.

Tutorial

A definir.

Modo Rélo Single Player

A definir.

Modo Rélo Multiplayer

A definir.

MUNDO FÍSICO

Visão Geral

A definir.

Lugares chave

A definir.

Movimentação

Descrever como os jogadores se movem através do mundo do jogo.

Escala

Descrever a escala que será usada para representar o mundo do jogo.

Objetos

Descrever os tipos de objetos/obstáculos que serão encontrados no mundo do jogo.Veja o "Apêndice Piece Pak" para uma lista de todos os objetos presentes no mundo do jogo.

Condições Climáticas

Descrever o tipo de tempo que será encontrado no mundo do jogo.

Dia e Noite

Definir o jogo em modo dia e noite.

Tempo

Descrever como o tempo transcorrerá através do jogo e como será usado.

SISTEMA DE RENDERIZAÇÃO

Visão Geral

Descrever como o jogo será renderizado na tela. A definir.

Renderização 2D/3D

Descrever que tipo de engine de Renderização 2D/3D será usada. A definir.

CÂMERA

Visão Geral

Descrever como a câmera se comportará no jogo. A definir.

Detalhes da Câmera

Descrever como a câmera se movimentará. A definir.

ENGINE DO JOGO

Visão Geral

A definir.

Detalhe da Engine do jogo

A definir.

Física

A definir.

Detecção de Colisão

A definir.

MODELOS DE ILUMINAÇÃO

Visão Geral

A definir.

Detalhe dos Modelos de Iluminação

Usaremos a técnica xyz para iluminar o mundo do jogo. A definir.

LAYOUT DO MUNDO

Visão Geral

A definir.

Níveis

A definir.

Nível – Subúrbio

Fase em um bairro da periferia. A definir.

PERSONAGENS DO JOGO

Visão Geral

A definir.

Criando um Personagem

Como o jogador cria e personaliza o seu personagem. A definir.

Adversários

A definir.

INTERFACE COM O JOGADOR

Visão Geral

A definir.

Menus

A definir.

Descrição dos Menus

A definir.

Menus Outline

A definir.

MEDIDORES E ÍCONES

Direção/Força do Vento

A definir.

Medidor da Tensão na Linha

A definir.

Medidor de linha a Lata

A definir.

Danos na Pipa

A definir.

Pontuação

A definir.

Adversários

A definir.

Telas de Início/Fim de Jogo

Tela de Início de Fase

A definir.

Tela Do Mapa Da Fase

A definir.

Animação de Vitória do Personagem

A definir.

Animação de Derrota do Personagem

A definir.

ITENS

Visão Geral

A definir.

Detalhes

A definir.

MÚSICA E EFEITOS SONOROS

Visão Geral

A definir. Descrever a API que será usada para som.

Música de Fundo

Estilo Rap/Hip Hop. A definir.

Efeitos Sonoros

A definir.

Design do Som

A definir.

HISTÓRIA

Horas de Jogo

A definir.

Condições de Vitória

A definir.

JOGO EM MODO SINGLE PLAYER

Visão Geral

A definir.

Detalhe do modo Single Player

A definir.

JOGO EM MODO MULTIPLAYER

Visão Geral

A definir.

Máximo de Jogadores On-line

Descrever o número máximo de jogadores on-line suportados.

Servidores

Modo servidor ou P2P. Definir protocolos, arquitetura, portas etc.

Customização

Descrever como os jogadores poderão customizar o jogo em modo multi-player. A definir.

Internet

Descrever como o jogo irá funcionar com Internet. A definir.

Sites de Jogo

Descrever que sites de jogos on-line disponíveis suportarão o jogo em modo multiplayer e que tecnologias serão usadas. A definir.

Persistência

Descrever quais itens serão persistentes ou não durante o jogo.

Salvando e Carregando

Descrever como salvar um jogo multiplayer e carregá-lo. A definir.

TIPOS DE CONEXÃO

IPX

A definir.

Modem a Modem

A definir.

TCP/IP

A definir.

RENDERIZAÇÃO DE PERSONAGENS

Visão Geral

Prover uma visão geral de como os personagens serão renderizados, animações, vozes etc. A definir.

Detalhes

A definir.

EDIÇÃO DE NÍVEIS

Visão Geral

Prover uma visão geral a respeito do editor de fases.

Detalhes

A definir.

Anexo II
Piece Pak

Figura II.1

Uma ferramenta muito utilizada por designers para testar mecânicas é o chamado PiecePak. Trata-se de um conjunto de peças que podem ser utilizadas para desenvolver diversos tipos de jogos. Foi criado por James Kyle e lançado em outubro de 2000 na forma de domínio público.

O conjunto é composto por moedas e ladrilhos quadrados divididos em 4 tipos: sóis vermelhos, luas negras, coroas amarelas ou verdes e a flor de lis em azul. As moedas podem ter valores numerados de nulo a 6 para cada item, além de dados. Existem 4 peões representando cada forma do jogo. Vejamos um exemplo do conjunto de peças.

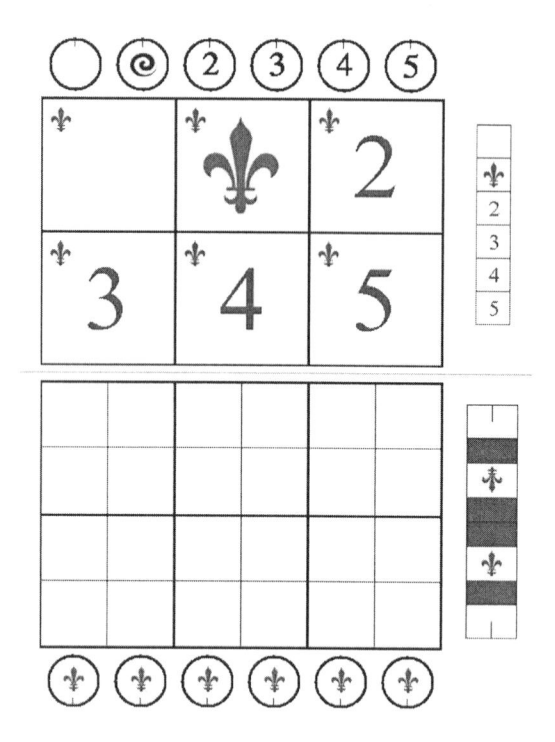

Figura II.2 • Exemplo do set do Flor de Lis – Extraído do site do Piecepak

O designer pode imprimir em papel, fazer em madeira (existem modelos comerciais) ou representar de alguma maneira. O site oficial do Piecepak (http://www. piecepack.org) contém uma série de jogos prontos das mais variadas temáticas, desde controle de área, econômicos, conquista espacial, wargames etc. O Piecepak para muitos é uma solução barata e muito boa para começar.

Anexo III
Referências, Bibliografia e Sites Úteis

Referências

http://en.wikipedia.org/wiki/Game_programming – acessado em abril de 2008

http://code.google.com/android/ – acessado em maio 2008

http://developer.apple.com/iphone/ – acessado em maio 2008

http://www.symbian.com/ – acessado em maio 2008

http://www.gmc.hobsons.co.uk/Playthegame.aspx – acessado em maio 2008

http://www.centrodelogistica.com.br/new/fr-art-jogos_empresa.htm – acessado em maio de 2008

http://www.eps.ufsc.br/disserta97/giordano/ – acessado em junho de 2008

http://wiki.gamedev.net/index.php – acessado em abril de 2008

http://www.gamedev.net/reference/start_here/ – acessado em abril de 2008

Bibliografia

ABT, Clark C. Jogos Simulados: estratégias e tomada de decisões. Rio de Janeiro: J. Olympio, 1974.

WILHELM, Pedro Paulo Hugo. Uma nova perspectiva de aproveitamento e uso dos jogos de empresas. Florianópolis, 1997. Tese de Doutorado em Engenharia de Produção. Universidade Federal de Santa Catarina.

WILHELM, Pedro Paulo Hugo, LOPES, Mauricio Capobianco – Uso de jogos de simulação empresarial como ferramenta educacional: uma análise metodológica

HUIZINGA, Johan. Homo Ludens – O jogo como elemento da cultura. 4a. ed. São Paulo: Perspectiva Rousseau, 2000.

ZIMMERMAN, Eric, SALEN Katie – Rules of Play MIT Press 1a. Edição, 2003

FULLERTON, Tracy, SWAIN Chris, HOFFMAN, Steven – Game Design Workshop: Designing, Prototyping, and Playtesting Games (Gama Network Series) (Gama Network Series) – CMP Book, Fevereiro de 2004

GRAMIGNA, Maria Rita; Jogos de Empresa, MAKRON Books Editora Ltda, São Paulo, 1994;

DRESHER Melvin – Games of Strategy: Theory and Applications – Rand Corporation, 1961/ 2008

LEVY, Richard, WEINGARTNER, Ronald O – The Toy and Game Inventor's Handbook – Alpha, 2003

TINSMAN, Brian – The Game Inventor's Guidebook – KP Books, 2003

Rules of the Game – http://www.ericzimmerman.com/texts/Boardgames.htm – Acessado em maio de 2008

DILLE, Flint, PLATTEN John Zuur – The Ultimate Guide to Video Game Writing and Design – Lone Eagle, 2008

KEYS, Bernard; WOLFE, Joseph. The role of management games and simulations in edu-cation and research. B Keys and J Wolfe: The role of management games and simulation in education and research, Journal of Management, 1990, Vol 6 No 2 Pg 307-336.

GIORDANO ROCHA, LUIZ AUGUSTO de, jogos de empresa: desenvolvimento de um modelo para aplicação no ensino de custos industriais - Dissertação apresentada como requisito parcial à obtenção do grau de Mestre. Programa de Pós-Graduação em Engenharia de Produção, Universidade Federal de Santa Catarina. FLORIANÓPOLIS – SC 1997 http://www.eps.ufsc.br/disserta97/giordano/ - acessado em junho 2008

WILHELM, Pedro Paulo Hugo, LOPES, Mauricio Capobianco - Uso de jogos de simulação empresarial como ferramenta educacional: uma análise metodológica (2006)

Sites Úteis

Boardgamegeek – http://www.boardgamegeek.com

Ilha do Tabuleiro – http://www.ilhadotabuleiro.com.br

Boardgamenews – http://www.boardgamenews.com

Grognard: Wargames em geral – http://www.grognard.com

Jogos Modernos para a Família Brasileira

A Riachuelo Games é um estúdio de ideias que desenvolve jogos sob a forma de boardgames (tabuleiro), wargames (jogos de guerra), cardgames (cartas), videogames e de negócios.

Desenvolvemos e damos consultoria na área lúdica, bem como workshops e cursos. A Riachuelo ainda atua na área de brinquedos, desde seu desenvolvimento em ambiente 3D e prototipação de masters. Fundada em 1998, o estúdio já lançou diversos jogos em sua existência e atualmente está trabalhando em vários projetos na área. Organizamos diversas atividades, entre elas o Castelo das Peças, evento promovido pela Riachuelo Games que tem como objetivo promover mensalmente o encontro de jogadores experientes, designers e pessoas que desejam conhecer mais sobre o hobby. Englobando jogos de tabuleiro em geral como: Eurogames, Wargames, Miniaturas, etc, quer se tornar um evento de calendário e de importância nacional. Esperamos contar com vocês e com as empresas brasileiras que produzem este tipo de jogo para transformar o hobby numa tradição bem forte em nosso país!

Visite nosso site:

http://www.riachuelogames.com.br e participe de nossos fóruns de design de jogos em http://www.riachuelogames.com.br/forum

Visite a página do evento aqui: http://www.castelodaspecas.com.br

Participe do **BRASPORT INFOCLUB**

Preencha esta ficha e envie pelo correio para a

BRASPORT LIVROS E MULTIMÍDIA

Rua Pardal Mallet, 23 – Cep.: 20270-280 – Rio de Janeiro – RJ

Você, como cliente BRASPORT, será automaticamente incluído na nossa Mala Direta, garantindo o recebimento regular de nossa programação editorial.
Além disso, você terá acesso a ofertas incríveis, exclusivas para os nossos leitores.
Não deixe de preencher esta ficha.
Aguarde as surpresas. Você vai sentir a diferença!

Nome: _____

Endereço residencial: _____

Cidade: _____ Estado: _____ Cep.: _____

Telefone residencial:_____

Empresa: _____

Cargo: _____

Endereço comercial: _____

Cidade: _____ Estado: _____ Cep.: _____

Telefone comercial: _____

E-mail: _____

Gostaria de receber informações sobre publicações nas seguintes áreas:

- ❑ linguagens de programação
- ❑ planilhas
- ❑ processadores de texto
- ❑ bancos de dados
- ❑ engenharia de software
- ❑ hardware
- ❑ redes

- ❑ editoração eletrônica
- ❑ computação gráfica
- ❑ multimídia
- ❑ internet
- ❑ saúde
- ❑ sistemas operacionais
- ❑ outros _____

Comentários sobre o livro _____

_____

_____

Design de Jogos

BRASPORT
LIVROS E MULTIMÍDIA

Rua Pardal Mallet, 23
20270-280 – Rio de Janeiro – RJ

Cole o selo
aqui

Dobre aqui

Endereço: _____

Remetente: _____

Últimos Lançamentos

Acessando Bancos de Dados com ferramentas RAD: Aplicações em Delphi

Mário Leite   *400 pp. – R$ 80,00*

Este livro ensina como acessar as principais bases de dados utilizadas nos sistemas de informação de maneira prática e objetiva, através de exemplos em Delphi 7 e Delphi 2007. São acessadas, pela ordem: dBase, Paradox, Access, Interbase, Firebird, MySQL, Oracle, PostgreSQL e SQL Server, nas suas versões mais atualizadas e através de diferentes provedores. São mostradas técnicas de conexão e acessos às bases de dados através de aplicações práticas e bem didáticas, abrangendo as tecnologias ADO, ODBC e dbExpress.

Introdução ao Microsoft Dynamics

Marcos Tito de Pardo Marques / Sérgio Gontijo do Nascimento / Eliane Vieira Sá   *444 pp. – R$ 92,00*

O Microsoft Dynamics AX é um produto com grandes recursos tecnológicos, muito produtivo e extremamente poderoso. Mas apesar dessas qualidades, ainda é pouco conhecido no Brasil, principalmente pela ausência absoluta de literatura sobre o assunto em nosso idioma. Obra completamente ilustrada, que ensina como instalar, usar, customizar e desenvolver novas aplicações para o ERP mundial da Microsoft.

Google Adwords – A Arte da Guerra 3ª. Edição

Ricardo Vaz Monteiro   *260 pp. – R$ 69,00*

Este é o primeiro livro em português que ensina como criar, manter e otimizar campanhas de links patrocinados no Google. De fácil leitura, é perfeito para pequenos empresários, profissionais liberais e responsáveis pela administração de campanhas on-line. Nesta terceira edição o capítulo sobre Google Analytics foi totalmente atualizado.

Usando o Computador na Melhor Idade – sem limites!

Wagner Cantalice   *372 pp. – R$ 70,00*

Neste livro, o leitor terá todos os recursos necessários para aprender a utilizar o computador, mesmo que ainda não o tenha utilizado. O aprendizado será de uma forma didática, clara e bem passo a passo com inúmeros exemplos que lhe darão toda a segurança necessária para utilizar os recursos do computador, como: colocar uma foto na tela, digitar uma carta, como utilizar a impressora, utilizar a Internet para ler notícias, conversar pela Internet com parentes e amigos que estão distantes através do MSN e muito mais.

Algoritmos Genéticos 2ª. edição

Ricardo Linden   *428 pp. – R$ 79,00*

Nesta segunda edição foram feitos vários acréscimos visando a melhoria da compreensão do assunto pelo leitor, incluindo a criação de dicas que permeiam o texto e o aumento do número de códigos-fonte e de exercícios (propostos e resolvidos). Além disso, foi criada uma seção sobre algoritmos meméticos para que o leitor disponha de um ferramental mais amplo na área e foi acrescentada uma seção de aplicações na indústria do petróleo, para que se possa comprovar a aplicabilidade dos algoritmos genéticos nesta importante área da economia.

Tecnologia e Cidadania Digital

Renato da Silveira Martini   *220 pp. – R$ 49,00*

O livro é destinado aos operadores do Direito, especialistas em Direito Digital, sociólogos e antropólogos preocupados com a sociedade da informação e profissionais de tecnologia. O livro aborda, entre outros assuntos, a dimensão jurídica do governo eletrônico no Brasil, a informatização do processo judicial, assim como a infra-estrutura de chaves públicas no Brasil e a interoperabilidade como um princípio do e-gov e sua relação essencial com os padrões tecnológicos abertos.

Desenvolvendo para web usando o Visual Studio 2008

Ramon Durães / Vários autores   *328 pp. – R$ 69,00*

Com linguagem simples e rápida, o início do livro é um mergulho na plataforma .NET Framework com ASP.NET e Visual Studio 2008. Na sequência são abordados o novo modelo de reutilização visual do ASP.NET e o conjunto de controles destinados à navegação. Você também vai conferir um capítulo destinado ao tratamento de erros, que é uma preocupação importante desde a primeira aplicação para oferecer uma mensagem personalizada para o usuário.

Construindo Supercomputadores com Linux 3ª. edição

Marcos Pitanga   *400 pp. – R$ 81,00*

Nesta terceira edição vários capítulos foram totalmente reescritos e remodelados, para adequar novas informações, aprofundamento de alguns conceitos e atualizar as aplicações descritas no livro. Cada um deles cobre assuntos específicos para sua construção, gerência, administração e execução de aplicações paralelas. Através de linguagem fácil, didática no estilo "faça você mesmo", são demonstrados como escolher o hardware, a ligação dos computadores, a configuração e instalação do sistema operacional Linux e muito mais.

Quem Mexeu no meu Sistema?

Alfredo Luiz dos Santos   212 pp. –R$ 49,00

Segurança em sistemas da informação visa dar embasamento teórico em como proteger novos sistemas e adequar sistemas atuais de uma empresa. O livro é destinado aos profissionais de segurança da informação e desenvolvedores interessados em garantir a segurança de seus sistemas.

TI Update

Amaury Bentes   *260 pp. – R$ 57,00*

Estar atualizado sobre as necessidades das grandes organizações na área de TI é hoje uma necessidade vital para quem deseja trabalhar em uma delas, quer como técnico quer como gerente ou executivo. Daí a importância deste livro, que também é de um auxílio inestimável a quem precise causar boa impressão em uma entrevista de admissão em uma grande empresa, pois o conhecimento das necessidades e tendências da TI nas corporações é um diferencial valioso

Adobe Flex Builder 3.0 - Conceitos e Exemplos

Daniel Pace Schmitz   180 pp. –R$ 45,00

Apresenta as duas linguagens de programação ActionScript 3.0 e MXML para o desenvolvimento de aplicativos, abordando os conceitos principais de cada linguagem e exemplificando os seus comandos mais importantes. Ao final do livro são apresentados quatro exemplos de aplicações envolvendo os conceitos mais importantes que o Adobe Flex possui.

Excel do Básico ao Avançado

Wagner Cantalice

258 pp. – R$ 55,00

Excel é o programa mais utilizado para o desenvolvimento de planilhas eletrônicas. Possui inúmeros recursos que facilitam muito o nosso dia-a-dia. Este livro é uma grande ferramenta de aprendizado tanto para o leitor que nunca trabalhou com Excel como para os leitores que já trabalham com Excel mas desejam aprender seus recursos avançados, aumentando as possibilidades que podem ser utilizadas na criação das planilhas eletrônicas.

Desenhando moda com CorelDRAW

Daniella Romanato

254 pp. – R$ 98,00

Primeiro livro específico de CorelDRAW para moda! Este livro ensina, passo a passo, a utilização de todas as ferramentas do programa direcionadas ao público de moda, da indústria têxtil, estudantes dos cursos de moda e também profissionais da área de design em geral que queiram aprender a desenhar moda digital. O CD-ROM que acompanha o livro contém ilustrações do livro e mais 200 desenhos técnicos de roupa feminina para serem usados, reaproveitados ou transformados.

Sockets Linux

Maicon Melo Alves

328 pp. –R$ 69,00

Este livro aborda os principais conceitos relacionados a um recurso de comunicação entre processos, chamados sockets. Com o uso dos sockets é possível criar meios para que os processos se comuniquem no Linux, tanto através da rede quanto localmente. Com as informações aqui apresentadas, o leitor estará apto a criar clientes e servidores TCP ou UDP e a adquirir conhecimento necessário para utilizar os sockets como um recurso de comunicação local.

BPM & BPMS

Tadeu Cruz

292 pp. – R$ 63,00

Neste livro você aprenderá sobre a desorganização informacional e as tentativas de organizar dados, informações e conhecimento, como o conceito Computer-Supported Cooperative Work e as ferramentas que foram desenvolvidas com aderência a este conceito. Também vai aprender o que é Business Process Management - BPM e Business Process Management System - BPMS e as diferenças e semelhanças com o software de Workflow.

Estratégias de E-mail Marketing

Muril Gun / Bruno Queiroz

224 pp. – R$ 49,00

O objetivo deste livro é apresentar o e-mail marketing como estratégia de marketing direto capaz de proporcionar resultados para as empresas. O livro está dividido em oito capítulos, sendo os quatro primeiros com foco teórico, abordando marketing direto, e-mail marketing, spam e marketing de permissão, e os quatro últimos com foco prático, com orientações para construção de mailing, criação da newsletter, "entregabilidade" e mensuração dos resultados.

Gravando CD e DVD em Linux

Adilson Cardoso   *200 pp. – R$ 45,00*

Esta obra apresenta as principais características dos sistemas de gravação tanto em modo texto como em modo gráfico. O livro aborda de forma clara e objetiva os principais comandos, não sendo necessário que o leitor possua muita experiência com o Linux, mas algum conhecimento e vivência com Informática. É uma publicação voltada para profissionais da área, estudantes e iniciantes. Ao final do livro, o leitor deverá ter condições de planejar, instalar, configurar, operar e gravar suas informações.

Design para Webdesigners

Wellington Carrion   *188 pp. – R$ 44,00*

Este livro é para jovens designers e profissionais que desejam aprimorar suas idéias e necessitam de um apoio regrado às diferentes vertentes do design e da arte. Aqui você encontrará estudo aprofundado das cores, esboços, perspectiva, técnicas e exemplos de minimalismo, iconografia, harmonia estética, composição, leitura de imagem, acessibilidade e usabilidade, dicionário de símbolos, expressões idiomáticas, mnemônicos, definição de arte, técnicas para criação de portfólio etc.

Adobe InDesign CS3

Renato Nogueira Perez Ávila   *192pp. – R$ 47,00*

O livro aborda aquela que vem se mostrando a mais versátil e sofisticada ferramenta de texto dos últimos tempos, com ênfase em seu melhor recurso, a modularidade. O livro ensina a criar páginas, inserir textos, aplicar cores, conversões de vários tipos, vinculações e mesclagens com o uso de suas ferramentas de forma simples e direta com recursos visuais. Contém informações comentadas passo a passo visando facilitar a leitura.

Estrutura de Dados com Algoritmos e C

Marcos Laureano   *182 pp. – R$ 45,00*

O material foi preparado com a experiência do autor em lecionar a disciplina, somada à sua experiência profissional. Outros professores e coordenadores de cursos foram consultados, com isto este material tem os assuntos pertinentes à área e pode ser adotado tranqüilamente em cursos de 40 ou 80 horas de Estrutura de Dados ou Programação de Computadores. Os algoritmos podem ser aplicados e convertidos para qualquer linguagem de programação, os programas em C são simples e objetivos, facilitando o entendimento dos estudantes e profissionais que não dominam totalmente esta linguagem.

Internet: O Encontro de 2 Mundos

iMasters   *232 pp. – R$ 49,00*

O objetivo deste livro é justamente reunir não apenas textos, mas sim conselhos, desafios e reflexões de 44 dos profissionais mais admirados e influentes do mercado brasileiro, um dos mais respeitados do mundo quando a palavra-chave é Internet, sejam eles sobre comunicação, tecnologia, direito, publicidade, comércio, gestão, empreendedorismo, blogs, webwriting, usabilidade, conteúdo ou carreira.

 **BRASPORT**

BRASPORT LIVROS E MULTIMÍDIA LTDA.
RUA PARDAL MALLET, 23 - TIJUCA – RIO DE JANEIRO – RJ – 20270-280
Tel. Fax: (21) 2568.1415/2568-1507 – Vendas: vendas@brasport.com.br